Susanne Eckhardt

Deutsch, 7. und 8. Klasse

Aufsatz: Inhaltsangabe

Rowohlt Taschenbuch Verlag

Die Schreibweise entspricht den Regeln
der neuen Rechtschreibung.

Originalausgabe
Lektorat Katrin Helmstedt

Veröffentlicht im Rowohlt Taschenbuch
Verlag GmbH, Reinbek bei Hamburg, Januar 2000

Umschlaggestaltung Susanne Müller
Illustrationen Christof Tisch
Reihentypografie Iris Farnschläder
Layout Christina Modi
Lithographie Grafische Werkstatt
Christian Kreher, Hoisdorf
Gedruckt auf Arctic Volume 115 g/qm
der Håfreströms AB Schweden
Gesetzt aus der Minion und Trade Gothic
auf Apple Macintosh in QuarkXPress 3.32
Gesamtherstellung Clausen & Bosse, Leck
Printed in Germany
ISBN 3 499 60622 4

Hinweis

Die **klipp & klar Lerntrainer** gibt es für viele Unterrichtsfächer und Klassenstufen. Eine Übersicht finden Sie auf Seite 95–96. Weitere Informationen liefert Ihnen die Rowohlt Revue, die Sie in jeder Buchhandlung kostenlos erhalten.

Inhalt

Liebe Eltern,

können Sie inzwischen das Frühlingsgedicht genauso gut aufsagen wie Ihr Kind? Fühlen Sie sich in Ihre eigene Schulzeit zurückversetzt, weil Sie wieder über der Bruchrechnung brüten? Oder probieren Sie gemeinsam an dem Einleitungssatz herum, mit dem eine Inhaltsangabe beginnen soll? Möglicherweise sind Sie in heller Aufregung, denn Ihr Kind hat schon wieder eine „Klassenarbeit verhauen".
Vielleicht ist sogar die „Versetzung gefährdet"?
Wie viele Nachmittage haben Sie schon mit Ihrem Kind für die Schule gepaukt, sich Aufgaben ausgedacht und nach Formulierungen gesucht und sich überlegt, ob der Aufbau des Textes nun so stimmt? Aber nicht nur das zerrt an Ihren Nerven, auch die Stimmung ist mies. Wenn Sie mit Ihrem Kind gemeinsam für die Schule büffeln, ist dies sicher oft mit Auseinandersetzungen und Tränen verbunden. „Ich kapier das eh nie." – „Ich will endlich zu meinen Freunden." – „Mein Lehrer hat mir das aber ganz anders erklärt." Und Sie hatten sich den Nachmittag wahrscheinlich auch schöner vorgestellt.
Selbst wenn Sie im Moment gestresst und ratlos sind: In der Regel können Kinder jeden Lernstoff begreifen. Wichtig ist, dass durch eine abwechslungsreiche Darbietung des Stoffes individuelles Lernen ermöglicht und Freude an der Auseinandersetzung mit einem Thema gefördert wird. Hier liegt eine Stärke der *klipp & klar Lerntrainer*. Ein weiterer Vorteil ist, dass Ihr Kind mit den *klipp & klar Lerntrainern* **selbständig** arbeiten kann: Der Lernstoff wird verständlich, anschaulich und in kleinen Schritten dargestellt. Lerntipps erleichtern Ihrem Kind das Verstehen, Anwenden und Behalten. Lösungen für die Übungen dienen zur Überprüfung der eigenen Texte.
Mit den *klipp & klar Lerntrainern* können nicht nur erfolgreich Probleme in bestimmten Fächern ausgeräumt werden, sie eignen sich auch hervorragend, wenn Ihr Kind sein Wissen bei einzelnen Themen aufpolieren oder sich gezielt auf eine Klassenarbeit vorbereiten möchte.
Die *klipp & klar Lerntrainer* helfen Ihnen dabei, dass die Nachmittage mit Ihrem Kind wieder entspannter verlaufen.

Walter Kowalczyk und Klaus Ottich

Liebe Lehrerin, lieber Lehrer,

in jeder Klasse begegnen Ihnen Schülerinnen und Schüler, die Probleme mit bestimmten Themen haben. Besorgte Eltern haben sich an Sie gewandt und um Rat und spezielle Lerntipps gebeten. Viele sind unsicher, wie sie ihr Kind erfolgreich unterstützen können, und fühlen sich beim Erklären schulischer Lerninhalte verständlicherweise überfordert. Das gemeinsame Üben belastet häufig die ganze Familie. Sicher gibt es auch Schülerinnen und Schüler, denen Sie gern geeignetes Übungsmaterial empfehlen würden, damit sie selbständig Schwächen abbauen und ihre Leistungen verbessern können.

Überzeugen Sie sich selbst: Mit den *klipp & klar Lerntrainern* kann jeder Schüler seine Defizite selbständig aufarbeiten:

- Der Lernstoff wird verständlich, anschaulich und in kleinen Schritten dargestellt.
- Die abwechslungsreiche Darbietung des Stoffes fördert individuelles Lernen und die Motivation, sich mit einem Thema auseinander zu setzen.
- Alle Fachbegriffe werden erläutert, sodass Verständnisprobleme gar nicht erst entstehen.
- Lerntipps erleichtern das Verstehen, Anwenden und Behalten.
- Das Üben in sinnvollen Lernetappen unterstützt den Lernerfolg.
- Eine Wiederholung sichert langfristig den Lernfortschritt.
- Durch eine Klassenarbeit wird überprüft, ob das Gelernte auch sitzt.

Und auch Sie selbst können die *klipp & klar Lerntrainer* mit Gewinn nutzen:

- als Vorbereitung für Ihren Unterricht,
- als Differenzierungsmaterial für Ihre Klasse,
- als Lernprogramm für Ihren Förderunterricht.

Wir wünschen Ihnen viel Erfolg für Ihre Arbeit!
Walter Kowalczyk und Klaus Ottich

Liebe Schülerin, lieber Schüler, so kannst du mit diesem Buch arbeiten:

Bevor du anfängst, blättere erst einmal im Buch: Welche Kapitel gibt es? Wo geht es um das Thema „Eine Einleitung zu einer Inhaltsangabe schreiben"? Woran erkennst du Beispiele?
Ist dir aufgefallen, dass die eigentliche Arbeit an Inhaltsangaben erst später losgeht? Das hat einen Grund: Wer eine Inhaltsangabe schreiben will, muss zuerst mit Texten umgehen lernen. Deshalb zeige ich dir in den ersten Arbeitsschritten, wie man Texte bearbeitet. Für die Inhaltsangaben habe ich erzählende Texte ausgewählt, weil diese in den Klassen 7 und 8 am häufigsten vorkommen.

1. Beginne mit der Arbeit gleich auf der nächsten Seite.
2. Ich habe das Buch in Arbeitsschritte eingeteilt, damit du an sinnvollen Stellen eine Pause machen kannst. Du erkennst das Ende eines Arbeitsschrittes am Stoppzeichen. Entscheide hier selbst: Brauchst du eine Pause? Wenn nicht: Arbeite bis zum nächsten Stoppzeichen weiter.
3. Wichtig! Kontrolliere und berichtige deine Lösungen sofort. Verwende dazu den Lösungsteil. In seltenen Fällen brauchst du zur Kontrolle auch die Hilfe einer anderen Person – das können deine Eltern sein, aber auch Mitschüler, Freunde oder deine Geschwister.
4. Zum Teil kannst du die Übungen im Buch bearbeiten. Schreibe hier mit einem Bleistift, damit du Fehler leichter verbessern kannst.
5. Einige Übungen kannst du nicht im Buch erledigen. Besorge dir deshalb ein DIN-A4-Heft, in das du die Lösungen einträgst.
6. Auf Seite 66 findest du ein Lernposter und auf Seite 92 einen Korrekturkompass für deine weitere Arbeit.

Jetzt kann es losgehen. Ich wünsche dir viel Erfolg!

Eine Inhaltsangabe schreiben

In der Schule schreibst du eigene Texte. Sicher hast du schon eine Erzählung geschrieben, vielleicht auch einen Brief, eine Beschreibung, ein Märchen. Außerdem setzt du dich aber auch mit fremden Texten auseinander. In diesem Fall musst du oft eine **Inhaltsangabe** anfertigen.
Eine Inhaltsangabe informiert genau und knapp über den Inhalt eines Textes.

Genau und knapp – ähnlich wie in einer Inhaltsangabe – sprichst du manchmal auch im Alltag, wenn du schilderst, was du gelesen hast. So wie Jana.

Jana will für Tim ein bestimmtes Buch kaufen, weil es ihr sehr gut gefallen hat. Vorher testet sie noch, ob es etwas für ihn ist.

Beispiel

„Würde dir ein Buch gefallen, in dem es um Zauberei geht? Ich fand es ungeheuer spannend, wie sich die Jungen in meinem Buch gegen die Abhängigkeit von ihrem Hexenmeister gewehrt haben! Der hat sogar ihre Träume kontrolliert! Andererseits lernen sie aber auch wirklich tolle Tricks kennen, zum Beispiel, wie man fliegen kann. Und jedes Jahr muss einer der Jungen sterben!“

Übung 1 Schreibe zwei Formulierungen heraus, mit deren Hilfe Jana das Buch für Tim interessant macht.

Überprüfe die Übung mit Hilfe des Lösungsteils.

Tim kennt das Buch nicht, findet aber die Beschreibung interessant. Also geht Jana in eine Buchhandlung, um es zu kaufen. Leider hat sie den Titel und den Namen des Autors vergessen. An die Handlung kann sie sich dagegen noch gut erinnern. Damit die Verkäuferin einen ersten Anhaltspunkt hat, informiert Jana sie über den Inhalt.

Beispiel

„In dem Buch, das ich kaufen möchte, geht es um einen Jungen, der bei einem Müller und Hexenmeister die Kunst des Zauberns lernt. Am Ende kann sich der Junge mit der Hilfe eines Mädchens und eines Freundes befreien."

Was bedeutet „informieren"?

Im Gespräch mit der Verkäuferin stellt Jana die Handlung des Buches sachlich dar: Sie informiert sie über dessen Inhalt. Dies ist eine knappe und noch unvollständige **Inhaltsangabe**. Als sie vorher mit Tim sprach, war die Situation anders: Ihm wollte sie das Buch möglichst schmackhaft machen. Deshalb hat sie mit ihrer ganz persönlichen Sicht dafür geworben.

Übung 2

Vergleiche die beiden Darstellungen Janas in den Beispielkästen. Schreibe heraus, welche Einzelheit sie Tim verschweigt, der Verkäuferin aber mitteilt.

____

____

____

Überprüfe die Übung mit Hilfe des Lösungsteils.

Eine **Inhaltsangabe** enthält vor allem die Information über das Ergebnis einer Handlung.
Trotzdem hören sich Janas Angaben über das Buch unvollständig an. Wenn du das Buch nicht kennst, verstehst du nicht, warum sich der Junge überhaupt befreien muss. Janas Information im Buchladen ließ diesen Punkt offen. Auch Tim, den sie als Leser „werben“ möchte, erfährt hierüber noch nichts Genaues, wenn auch manches bereits angedeutet wird: Der Meister hält seine Gesellen und Lehrlinge gefangen und kontrolliert sie bis ins Kleinste. Warum? Und außerdem muss jedes Jahr einer von den Jungen sterben. Welchen Grund mag es dafür geben?
Ohne die Antwort auf diese Fragen ist Janas **Inhaltsangabe** also unvollständig.

Eine **Inhaltsangabe** muss so formuliert sein, dass sie alle Angaben enthält, die für das Verständnis einer Geschichte nötig sind. Man hat dabei einen Leser vor Augen, der den Text noch nicht kennt.

Das Wichtigste in einem Text herausbekommen

Wie schaffst du das, genau und knapp zu schreiben, den Leser aber doch verständlich zu informieren?
Im Folgenden lernst du das nötige Handwerkszeug kennen.

Du fragst dich also:

Was ist so **wichtig** in einem Text, dass man ohne diese Informationen nicht verstehen kann, worum es überhaupt geht?

Die so genannten **W-Fragen** helfen, die entscheidenden Informationen eines Textes zu finden:
Wer? Was? Wo? Wann? Warum? Welche Folgen?

Der folgende Text ist ein Beispiel für eine Zeitungsmeldung. Unterstreiche alle Stellen, die Antwort auf eine der unten stehenden W-Fragen geben. Schreibe die Antworten in dein Heft.

Übung 3

Braunschweig. Gestern wurde die Polizei durch Anwohner wegen eines Einbruchsversuchs in der Braunschweiger Vorstadt alarmiert. Die beiden Einsatzbeamten nahmen am Tatort drei mutmaßliche Einbrecher fest. Als einer der drei beim Einsteigen in das Polizeifahrzeug Fersengeld gab, verfolgte ihn einer der beiden Beamten. Seinem Kollegen büxten anschließend die verbliebenen zwei Festgenommenen aus. Nun setzte sich auch der zweite Polizist in Bewegung, verlor aber den Zündschlüssel im Auto. Als die beiden Beamten jeder mit einem Ausreißer wieder zurückkamen, war das Dienstfahrzeug weg. Der dritte Einbrecher hatte die Gunst der Stunde genutzt und kurzerhand das Polizeiauto geklaut, mit dem er hinter Gitter gebracht werden sollte. Der „Leihwagen" wurde später in Göttingen wieder gefunden, von seinem letzten Fahrer fehlt jede Spur.

Hinweis

Die nicht unterstrichenen Textstellen zeigen die weniger wichtigen Informationen. Diese kannst du in einer Inhaltsangabe unbeachtet lassen.

Wer ist an dem Ereignis beteiligt?
Was ist bei der Festnahme der mutmaßlichen Einbrecher passiert?
Wo ist das geschehen?
Wann ist es geschehen?
Warum kam es zu diesem Ereignis bei der Festnahme der mutmaßlichen Einbrecher?
Welche Folgen ergaben sich aus dem Geschehen?

Überprüfe die Übung mit Hilfe des Lösungsteils.

Stopp!

Schluss für heute.

Aus einer Reportage wird eine Zeitungsmeldung

In Übung 3 hast du fast alles in der **Zeitungsmeldung** unterstrichen und zur Beantwortung der W-Fragen verwendet. Das liegt daran, dass Zeitungsmeldungen ein Ereignis knapp darstellen. Hintergrundinformationen, Einzelheiten oder Kommentare gehören nicht in eine Meldung.
Eine **Reportage** dagegen informiert umfangreicher über ein Ereignis. Sie enthält auch Details und Kommentare.
Hier ein Beispiel für eine Reportage.

Beispiel

Räuber ergriffen in Kuchenschlacht die Flucht

Hineinstürmen – Geld aus der Kasse schnappen – schnell verschwinden. So hatten es sich wohl zwei Räuber gedacht, die vorhatten, in Saint-Étienne (Zentralfrankreich) am letzten Sonnabend die Kasse einer kleinen Konditorei auszurauben. Doch Madame Davier (65), die Inhaberin der Konditorei, und ihre Tochter (35) griffen blitzschnell zu hausgebackener Munition. „Ich habe überhaupt nicht überlegt", sagte Madame Davier später. Auch die beiden Enkelkinder halfen mit. „Sie haben sich großartig geschlagen!" Jeannette (13): „Ich war gerade von einer Schneeballschlacht hereingekommen und habe hier einfach weitergemacht." Die Pistole der Räuber beeindruckte die vier keineswegs. „Ich wusste gar nicht, dass es ernst ist. Ich glaube, wenn ich gewusst

Hinweis

Die Zahlen hinter den Namen geben das Alter der jeweiligen Person an.

hätte, dass die Pistole geladen ist, hätte ich bestimmt Angst gehabt", meinte Enkelsohn Pierre (8). Von dem Trommelfeuer von Cremetörtchen, Windbeuteln und Blätterteiggebäck sichtlich irritiert, suchten die verblüfften Räuber das Weite. „Die Einbrecher hätten auch in einer Kurzschlussreaktion schießen können", war der Kommentar eines Polizisten. „Die Konditorfamilie hat spontan gehandelt, und die Leute haben Glück gehabt." Also: Ende gut, alles gut! „Durch diesen Vorfall ist unsere Konditorei noch bekannter geworden", meinte Madame Davier. „Wir werden jetzt kleine Marzipanpistolen in unser Angebot aufnehmen!"

Übung 4

Welche Angaben gehören in eine Zeitungsmeldung, die das im Beispiel geschilderte Ereignis knapp und unkommentiert wiedergibt? Unterstreiche zunächst wieder alle Stellen, die Antwort auf eine der W-Fragen geben. Schreibe die Antworten dann in dein Heft.

Wer ist an dem Ereignis beteiligt?
Was passiert?
Wo geschieht es?
Wann geschieht es?
Warum geschieht es?

Überprüfe die Übung mit Hilfe des Lösungsteils.

Übung 5 Schreibe mit Hilfe der Antworten auf die W-Fragen eine Meldung, die in einer überregionalen Tageszeitung stehen könnte. Sie soll knapp über das informieren, was in Saint-Étienne passiert ist.

Überprüfe die Übung mit Hilfe des Lösungsteils.

Den Kern des Ereignisses, den „Clou", ermitteln

Ein Journalist hat eine knappe Wiedergabe der Ereignisse aus dem Beispiel von Seite 14–15 für eine überregionale Tageszeitung geschrieben.

Beispiel

> Saint-Étienne. Mit einem Trommelfeuer von Cremetörtchen, Windbeuteln und Blätterteiggebäck hat eine Konditorfamilie in Saint-Étienne (Zentralfrankreich) zwei Räuber in die Flucht geschlagen, die die Kasse der Konditorei ausrauben wollten. Die Inhaberin, die 65-jährige Madame Davier, und ihre Tochter ließen sich aber nicht von der Pistole der Räuber beeindrucken, sondern griffen blitzschnell zur hausgebackenen Munition. Auch die Enkelkinder im Alter von 8 und 13 Jahren beteiligten sich an der Kuchenschlacht, und die verblüfften Räuber suchten das Weite.

Diese Zeitungsmeldung unterscheidet sich vielleicht vor allem in einem Punkt von deinem Text: Die Reihenfolge der Sätze ist anders. Im ersten Satz steht bei dem Journalisten schon das, was er für den **Kern des Ereignisses** hält. Hier sind es die Antworten auf die Fragen: Wer? Was? Wo?
Solche Meldungen werden für eilige Leser geschrieben. Die sehen sich vielleicht nur den ersten Satz an und lesen dann irgendwo anders weiter.
Gute Journalisten sind darauf trainiert, bei komplizierten und vielschichtigen Ereignissen den inhaltlichen **Kern**, **den „Clou"**, herauszufinden und ihn im ersten Satz mitzuteilen.

Bei der Inhaltsangabe stehst du vor einer ganz ähnlichen Aufgabe. Du musst herausfinden, was der **„Clou"** ist, der Schlüssel für den gesamten Text. Diese Information gehört in den ersten Satz einer Inhaltsangabe.

Um den **inhaltlichen Kern** eines Textes zu finden, unterstreichst du alle Stellen, an denen du stutzt und dich wunderst, weil dort Auffälliges oder Besonderes passiert. Häufig ist es nur eine ganz bestimmte Stelle im Text.

Du wirst dich bei der Reportage auf Seite 14–15 gewundert haben, dass man mit Gebäck Räuber in die Flucht schlagen kann. Dies ist der **„Clou“** der Nachricht.
Die Bearbeitung von Nachrichtentexten ist also eine gute Vorbereitung für das Schreiben von Inhaltsangaben.

Übung 6

In der Zeitungsmeldung im Beispiel auf Seite 13 steht der „Clou“ nicht an erster Stelle. Finde den inhaltlichen Kern heraus und schreibe ihn auf.

Überprüfe die Übung mit Hilfe des Lösungsteils.

Übung 7

Wie du im Beispiel auf Seite 17 gesehen hast, kann eine Zeitungsmeldung aus nur drei Sätzen bestehen. Manchmal sind es sogar nur zwei Sätze.
Schreibe eine „Zweisatzmeldung“ oder eine „Dreisatzmeldung“ zur letzten Folge deiner Lieblings-TV-Serie in dein Heft. Lies dir deine Kurzmeldung morgen noch einmal durch.
Ist sie auch für jemanden verständlich, der die Folge nicht gesehen hat? Zeige deinen Text einem Freund, einer Freundin, deinen Eltern oder Geschwistern und überprüfe, ob sie verstehen, was du meinst.

Eine mögliche Lösung findest du im Lösungsteil.

Stopp!

Schluss für heute.

Eine Inhaltsangabe zu einer Till-Eulenspiegel-Geschichte schreiben

Du hast in Übung 7 eine Zeitungsmeldung geschrieben. Eine Meldung informiert knapp und genau über ein Ereignis. Jetzt geht es darum, eine Inhaltsangabe zu schreiben. Auch eine Inhaltsangabe informiert knapp und genau, und zwar über den Inhalt eines Textes.

Über Till Eulenspiegel gibt es viele Geschichten. Er lebte vor langer Zeit, als es noch viele herumziehende Handwerksburschen gab, die mal in der einen Stadt bei dem einen Meister, mal in einer anderen bei einem anderen Meister arbeiteten. Aber Till war kein Handwerker, obwohl er sich in vielen Berufen geschickt anstellte. Er zog herum und wollte vor allem eins: Leute ärgern. Hier der Anfang eines seiner Erlebnisse.

Till Eulenspiegel war in Hamburg und ging dort, wie es seine Gewohnheit war, auf den Markt, auf den Gänsemarkt, und fühlte sich, weil es eben ein Markt war, fast zu Hause. Plötzlich sprach ihn ein Bartscherer an, wie die Frisöre damals genannt wurden.

„Woher kommst du, Gesell?"

„Diesen Weg herunter", antwortete Eulenspiegel und zeigte über seine Schulter.

„Aha", sagte der Bartscherer, „und was hast du für ein Handwerk gelernt?"

Eulenspiegel, der den Meister an seiner Schürze erkannt hatte, sagte: „Das gleiche wie Ihr. Ich bin ein Bartscherer."

„Das trifft sich ja wie bestellt", antwortete der Bartscherer,

„und wenn du womöglich eine Arbeit suchst, dann kämst du mir wie gerufen.“

„Ich suche sie nicht gerade“, antwortete Eulenspiegel, „aber ich nehme sie an, denn Hamburg gefällt mir.“

„Abgemacht“, sagte der Meister, „dann geh nur schon hinüber.“ Er zeigte dabei auf ein Haus auf der Straßenseite gegenüber und sprach: „Siehst du die großen Fenster dort? Da geh hinein. Ich werde mich noch ein bisschen auf dem Markt umsehen, dann komme ich nach.“

„Gut“, antwortete Eulenspiegel, „wie Ihr wollt.“ Er ging auf die andere Straßenseite, nahm Anlauf und sprang mit einem einzigen Satz durch das mittlere Fenster. Die Scheibe splitterte, es klirrte und krachte fürchterlich, und die Scherben fielen mit Eulenspiegel zusammen im Haus drinnen auf den Boden. Die Frau des Bartscherers hatte in der Stube gesessen und gesponnen. Im nächsten Augenblick sprang sie auf, schrie wie am Spieß und hielt sich die Hände vors Gesicht.

„Gott segne das ehrbare Handwerk!“, rief Eulenspiegel. „Grüß Gott, Frau Meisterin, ich bin Euer neuer Geselle.“ Die Frau schielte vorsichtig zwischen den Fingern hindurch.

„Geselle!“, zeterte sie. „Du wärst mir der richtige Geselle. Der Teufel bist du.“

Und als sie sich gerade umdrehen wollte, um aus der Stube zu rennen, stürmte der Bartscherer zur Haustür herein. Er stellte sich vor Eulenspiegel hin und schrie: „Was fällt dir ein? Du machst mir Schaden, bevor du noch ein einziges Geldstück verdient hast. War dir die Tür meines Hauses vielleicht nicht breit genug? Musstest du durch das Fenster springen?“

„Aber Meister“, antwortete Eulenspiegel. „Ich habe doch nur getan, was Ihr mir geheißen habt. Vorhin auf der Straße habt Ihr auf Euer Haus gezeigt und gesagt: ‚Siehst du die großen Fenster dort? Da geh hinein.‘ Und nichts anderes habe ich getan. Ich tue immer das, was man mir sagt, und nichts anderes.“

Jetzt hatte sich die Frau wieder gefasst und rief: „Wirf ihn hinaus, ich will ihn hier nicht sehen. Wirf ihn hinaus, wer weiß, was sonst noch alles passiert.“

Aber der Bartscherer brauchte einen Gesellen, denn er war selber nicht der Allerfleißigste, und außerdem dachte er: Der Kerl scheint ein Spaßvogel zu sein; das wird sich herumsprechen und mein Geschäft heben, wenn er die Leute beim Bartscheren gut unterhält. Außerdem kann ich ihm die Fensterscheibe vom Lohn abziehen. Also behielt er Till und ließ ihn arbeiten, und es kam so, wie er es sich vorgestellt hatte: Eulenspiegel trieb seine Späße, und die Barbierstube wurde nicht leer.

Hinweis

Den zweiten Teil dieser Geschichte findest du auf Seite 45–46 und 54.

Hast du den Textausschnitt sorgfältig gelesen?
Damit ist die erste wichtige Vorarbeit zur Inhaltsangabe getan.

Die Vorarbeiten

Herausfinden des Erzählkerns

Hilfe

Lies zu den W-Fragen noch einmal Seite 12–13.

Längere Texte enthalten viele Einzelheiten. Suche zunächst den „Clou“ der Geschichte. Anschließend brauchst du nur die W-Fragen zu beantworten, die sich auf den „Clou“ beziehen (Wer? Was? Wo? Wann? Warum? Welche Folgen?).

Übung 8

Nimm einmal an, du wärst ein Reporter in Hamburg zu der Zeit gewesen, in der die Geschichte auf Seite 19–21 spielt. Unterstreiche zunächst alle Stellen, an denen du stutzt und dich wunderst, weil dort etwas Auffälliges, etwas Besonderes passiert. Vergleiche dann die Stellen miteinander und suche die allerwichtigste, die auffälligste heraus. Notiere sie in einem Satz.

Überprüfe die Übung mit Hilfe des Lösungsteils.

Übung 9

Das Auffälligste in dieser Geschichte ist der Sprung Tills durch die Fensterscheibe. Der „Clou“ besteht aber darin, dass er sogar noch belohnt wird. Notiere in einem Satz, wie er belohnt wird.

Überprüfe nun deine Lösung.

Die beiden Sätze, die du in Übung 8 und 9 aufgeschrieben hast, sind der „Clou“ der Eulenspiegel-Geschichte. Sie könnten der Anfang einer Zeitungsmeldung sein.

Stopp!

Schluss für heute.

Den **„Clou“** einer Geschichte nennt man bei einer Erzählung auch den **Erzählkern.**

Die W-Fragen helfen weiter: ein Stichwortbild anlegen

Mit Hilfe der **W-Fragen**, die auch Reporter benutzen, ermittelst du nun all die Elemente der Geschichte, die in deiner Inhaltsangabe vorkommen sollen.

Übung 10

Die Frage „Was geschieht?" ist mit dem Erzählkern aus Übung 8 und 9 schon beantwortet.
Von den beiden Sätzen des Erzählkerns aus beantwortest du jetzt mit Hilfe der Geschichte die W-Fragen.
Schreibe die Antworten in dein Heft.
Wenn du in der Geschichte keine Antwort auf eine Frage bekommst, lässt du diese Frage offen.

> Wer bestimmt maßgeblich den Verlauf der Geschichte?
> Wo ereignet sich die Geschichte?
> Wann geschieht es?
> Warum springt Till durchs Fenster?
> Warum bleibt Till trotzdem weiter im Dienst des Meisters?

Überprüfe die Übung mit Hilfe des Lösungsteils.

Hinweis

Die Frage „Welche Folgen hat Tills Streich?" fehlt hier. Sie wird in Übung 11 beantwortet.

Manchmal gibt es auf eine W-Frage viele Antworten. Nimm als Beispiel die noch nicht beantwortete Frage nach den Folgen, die Tills Streich hat. Im folgenden Kasten findest du fünf Möglichkeiten.

Beispiel

1. Die Fensterscheibe zersplittert.
2. Die Frau des Meisters hält Till im ersten Schreck für einen Teufel.
3. Auch der Meister wird wütend.
4. Die Frau will Till aus Furcht vor weiterem Ärger nicht als Gesellen haben.
5. Till wird eingestellt.

Übung 11 Welche der im Beispiel auf Seite 23 aufgezählten Folgen gehören in die Inhaltsangabe, weil sie für das Verständnis des „Clous" wichtig sind? Begründe deine Entscheidung.

Überprüfe die Übung mit Hilfe des Lösungsteils.

Übung 12 Um den Aufbau der Geschichte noch deutlicher vor Augen zu haben, kannst du aus den Antworten zu Übung 8–11 ein Stichwortbild erstellen.
Nimm zuerst ein Blatt Papier im DIN-A4-Format und lege es quer vor dich hin. In die Mitte des Papiers schreibst du die beiden Sätze, die du als Erzählkern in Übung 8 und 9 ermittelt hast, ziehst um jeden Satz einen Kreis und malst diesen rot aus. Der „Clou" der Geschichte, ihr inhaltlicher Mittelpunkt, steht jetzt herausgehoben in der Mitte deines Blattes.
Ordne nun alle Antworten, die du auf die W-Fragen gefunden hast und die du wichtig für das Verständnis des „Clous" findest, um den Erzählkern auf deinem Blatt an. Du kannst sie dabei zu Stichwörtern verkürzen – Hauptsache, du selbst weißt noch, was damit gemeint ist. Umrande jedes Stichwort und ziehe eine Linie vom Erzählkern zu den einzelnen Kreisen. Wenn eine Angabe die Folge eines anderen Punktes ist, kannst du einen Pfeil von der Ursache zur Folge ziehen.
Eine Antwort – die fünfte zur Frage „Welche Folgen?" – steht schon da: Sie ist Bestandteil des Erzählkerns.

Überprüfe die Übung mit Hilfe des Lösungsteils.

Du hast nun ein **Stichwortbild** vor dir liegen. Mit einem Blick kannst du erkennen, was du bereits über den Inhalt der Geschichte herausgefunden hast.

Ein solches **Stichwortbild** nennt man auch mit einem englischen Fachbegriff **Mindmap** (übersetzt etwa: **Gedächtnislandkarte**).

Hinweis

Wenn du dein **Stichwortbild** überprüfst, stellst du fest, dass die Geschichte durch unsere bisherigen W-Fragen noch nicht vollständig erfasst ist. Du musst noch ergänzen, welche Ereignisse dem Sprung Tills vorausgehen.

Beantworte die folgenden Fragen.

Übung 13

1. Wie kommt es dazu, dass Till durch die Fensterscheibe springt?

____

____

____

2. Welche wichtigen Ereignisse gehen diesem Vorgang voraus?

____

____

____

Überprüfe die Übung mit Hilfe des Lösungsteils.

Stopp!

Schluss für heute.

Stichwortbilder, Mindmaps, zu Geschichten können unterschiedlich aussehen. Wichtig ist aber, dass der „Clou“ immer übereinstimmt.

Hinweis

Trage die Lösungen zu Übung 13 als Stichwörter in deine Mindmap ein.
Die Lösung findest du auf der nächsten Seite.

Aufgabe

Lösung Deine Mindmap könnte so aussehen:

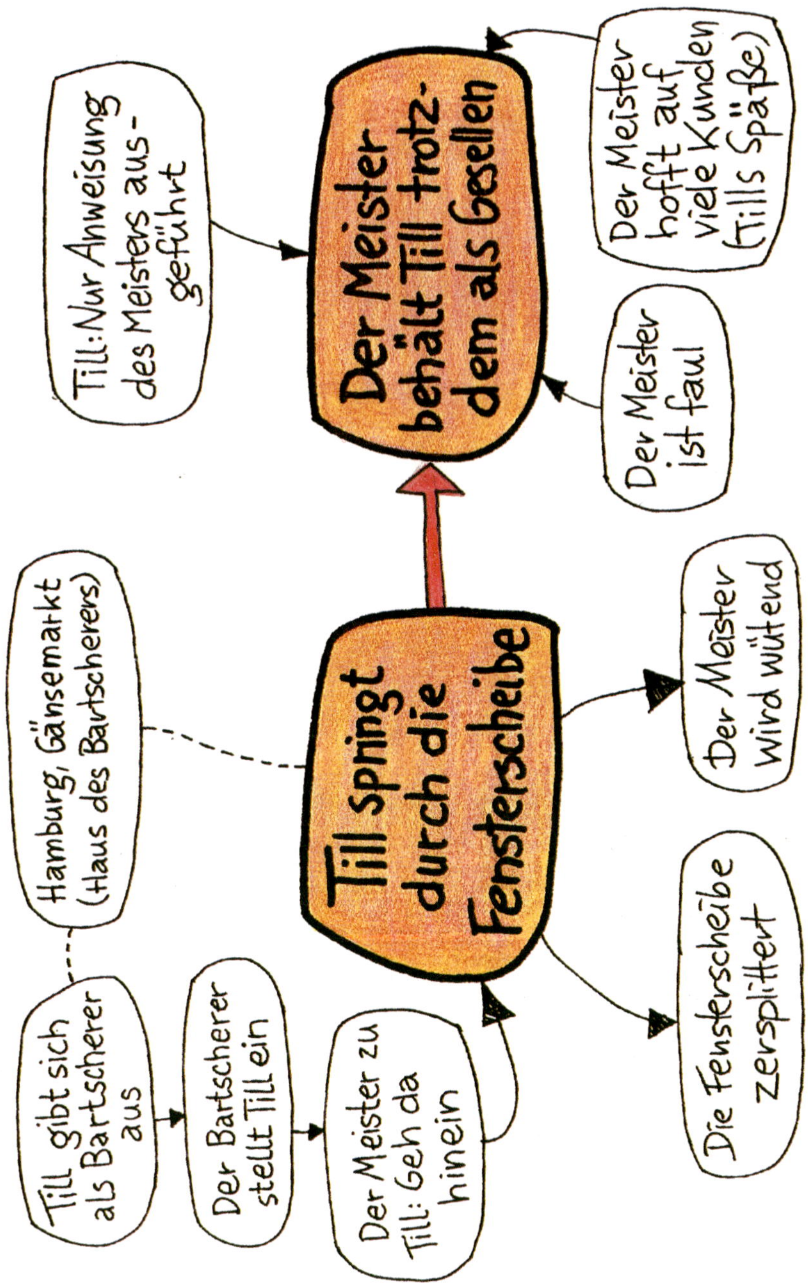

Zusammenfassung

Hier ist eine Übersicht über die vier Schritte zur Vorbereitung einer Inhaltsangabe.

Die vier Schritte zur Vorbereitung einer Inhaltsangabe:

1. Du liest die Geschichte sorgfältig durch.
2. Du arbeitest heraus, worin der **Erzählkern** (der „Clou") der Geschichte besteht. Unterstreiche zunächst alle Stellen, an denen du stutzt und dich wunderst, weil dort etwas Auffälliges, etwas Besonderes passiert. Vergleiche dann die Stellen miteinander und suche die allerwichtigste, die auffälligste heraus. Notiere sie in einem Satz.
3. Mit Hilfe des Erzählkerns stellst du jetzt die **W-Fragen.**
4. Die Antworten ordnest du stichwortartig in einer **Mindmap** an.

Die sprachliche Gestaltung

Die Wahl der richtigen Zeitform

Was in der Eulenspiegel-Geschichte vorkommt, wurde schon vor vierhundert Jahren erzählt und wird wohl auch noch in hundert Jahren gelesen oder erzählt werden.

Der Inhalt einer Geschichte ist gegenwärtig, solange sie irgendwo abgedruckt ist oder erzählt wird. Deshalb verwendet man in der Inhaltsangabe die **Zeitform** (das Tempus) **der Gegenwart** (des Präsens).

In einer Inhaltsangabe könnte es also heißen:

Beispiel

„Till Eulenspiegel steht in Hamburg auf dem Gänsemarkt."

Übung 14 Mit den folgenden Sätzen könnte die Inhaltsangabe weitergehen. Setze die Verben in die richtige Zeitform.

Ein Frisör (sprechen) ____________ ihn an und (anbieten) ____________ ihm eine Arbeitsstelle bei sich ______ . Eulenspiegel (einwilligen) ________________ . Der Frisör (zeigen) __________ Eulenspiegel, dass dieser sein Geschäft, das an derselben Straße gegenüber liegt, an den großen Fenstern erkennen (können) __________ . Er (schicken) ____________ Eulenspiegel dort hinein. Eulenspiegel (springen) ____________ durch die Fensterscheibe, die (zerbrechen) ________________ .

Überprüfe die Übung mit Hilfe des Lösungsteils.

Manchmal musst du aber auch eine andere Zeitform wählen.

Beispiel

Nachdem Eulenspiegel eingewilligt hat, zeigt ihm der Frisör, dass man die Barbierstube an den großen Fenstern erkennen kann, und schickt ihn dort hinein.

In dem Nebensatz, der mit „nachdem“ beginnt, darfst du nicht die Zeitform Präsens verwenden, weil Tills Einwilligung ja zeitlich vor dem Hinweis des Bartscherers liegt. Erst kommt die Einwilligung Tills, dann die Beschreibung des Frisörs. Tills Einwilligung in dem Nebensatz, der mit „nachdem“ beginnt, ist vorzeitig gegenüber dem, was im Hauptsatz geschieht.

Bei Vorzeitigkeit verwendest du in der Inhaltsangabe die Zeitform des Perfekts (der vollendeten Gegenwart).

Aus „willigt ein“ wird in unserem Beispielsatz „eingewilligt hat“.

Beispiel

Übung 15

Präsens oder Perfekt?
Setze die richtige Zeitform ein.

1. Seit Tom grüne Tinte (entdecken) ______________ , (schreiben) ___________ er Briefe viel lieber.
2. Nachdem Julia ihrem kleinen Bruder eine Gruselgeschichte (vorlesen) ____________________ , (einschlafen können) _______ sie jetzt selbst nicht ______________ .
3. Vor einer Woche (aufgehen) _______ die Blüten erst ______________ , und nun (fallen) __________ schon die Blütenblätter ab.
4. Jonas (sich freuen) ______________ heute immer noch darüber, dass seine Schwester ihm gestern ihre neuen Inliner (leihen) ____________________ .

Überprüfe die Übung mit Hilfe des Lösungsteils.

Stopp!

Schluss für heute.

Präsens, Perfekt, Präteritum, Plusquamperfekt: eine Wiederholung

Heute **ist** Montag, und Jessica **sitzt** im Klassenzimmer. Vorgestern **ist** die Klasse von der Klassenfahrt **zurückgekommen**. Alle **reden** aufgeregt durcheinander, **erzählen** sich, wie lange sie am Wochenende **geschlafen haben**, um sich von den kurzen Nächten zu erholen. Da **tönt** der Gong, Herr Schulze, der Deutschlehrer, **kommt herein**. Nach einer herzlichen Begrüßung **stellt** er das neue Projekt **vor**: Wir **schreiben** eine Klassenzeitung zur Klassenfahrt. Jessica **soll** die Ankunft und den ersten Abend **beschreiben**. Hier ihr Text.

„Nach einer sechsstündigen Zug- und Busfahrt **trudelten** wir gegen 16 Uhr total erschöpft in Neuburg **ein**. Da **stand** ‚es' – das Jugendheim Neuburg. Alle **sahen** sich **an**. Es **war** wohl doch nicht so, wie man es sich **vorgestellt hatte**! Mit schiefen Blicken **stiegen** wir aus dem Bus und **wagten** uns ins Haupthaus der Anlage. Dort **erlebten** wir gleich die nächste Enttäuschung: Auch die Zimmer **waren** viel kleiner, als wir sie uns **gewünscht hatten**. Doch wir **richteten** uns **ein**, und als unsere Schuhe, Pullis, Jacken und andere Dinge auf dem Boden **herumlagen**, **fühlten** wir uns schon wie zu Hause.
Nach dem Abendessen **sollte** die ‚Willkommensparty' **steigen**. Mit gemischten Gefühlen **gingen** wir in den Discokeller des Hauses. Aber die Musikanlage dort **konnte** alle Erwartungen **zufrieden stellen**. Jonas und Tim, unsere Discjockeys, **waren** wochenlang **in sich gegangen** und **hatten** mit ihren Lieblings-CDs ein Programm **zusammengestellt**, das bei allen gut **ankam**. Sogar Giorgio **konnte** uns dazu etwas **vorrappen** – mit halben Überschlägen!
Hanne und Melanie **hatten** die spielerische Gestaltung der Party **vorbereitet** und **rissen** uns mit ihren Trickspielen und Neckereien zu wahren Lachsalven **hin**. So **wurde** der erste Abend also trotz allem ein voller Erfolg."

„Heute **ist** Montag“ – so fängt der Text an. Er steht im Präsens (in der Gegenwart). Was zuvor am Wochenende geschehen ist, steht im Perfekt und bezeichnet die unmittelbare Vergangenheit. Wenn man im Präsens erzählt und dann zeitlich zurückgeht, benutzt man das Perfekt.

In der Inhaltsangabe benutzt man als Zeitformen das Präsens und das Perfekt.

Was Jessica über die Klassenfahrt schreibt, steht dagegen im Präteritum (in der Vergangenheit). Was die Klasse bereits vor der Fahrt überlegt oder vereinbart hatte, steht im Plusquamperfekt (in der Vorvergangenheit).
Wenn man im Präteritum erzählt und dann zeitlich zurückgeht, benutzt man das Plusquamperfekt.

Die Zeitformen Präteritum und Plusquamperfekt benutzt man in der **Nacherzählung**.

Achtung, Stolperstein!

Übung 16

Sortiere die Verben aus dem Text auf Seite 30 nach den unterschiedlichen Zeitebenen. Lege dir in deinem Heft eine Tabelle nach folgendem Muster an.

heute (Präsens)	**Wochenende (Perfekt)**	**Klassenfahrt (Präteritum)**	**vor der Klassenfahrt (Plusquamperfekt)**
ist …	ist zurück-gekommen …	trudelten …	vorgestellt hatte …

Überprüfe die Übung mit Hilfe des Lösungsteils.

Bildung der Zeitformen

Im Präsens besteht die Verbform nur aus einem Wort, z. B. sitzt (von sitzen), schreibt (von schreiben), ist (von sein). Auch im Präteritum besteht die Verbform nur aus einem Wort, z. B. stiegen (von steigen), erlebten (von erleben), waren (von sein).

Das Perfekt besteht aus zwei Bestandteilen, einem Hilfsverb, haben oder sein, und einem Vollverb, z. B. zurückkommen und schlafen.

So bildest du das Perfekt:
ist (Hilfsverb) + zurückgekommen (2. Partizip des Vollverbs)
haben (Hilfsverb) + geschlafen (2. Partizip des Vollverbs)

Übung 17 Fülle die Tabelle aus. Verwende die 3. Person Singular, maskulin.

	Präsens	**Perfekt**
sein	*er ist*	
rufen		*er hat gerufen*
machen		
haben		
trödeln		
fernsehen		
lachen		
anhalten		
weglaufen		
beobachten		
ansprechen		
beweisen		

vermuten		
beißen		
sehen		
werden		

Überprüfe die Übung mit Hilfe des Lösungsteils.

Das Plusquamperfekt besteht ebenfalls aus zwei Bestandteilen: aus einem Hilfsverb und einem Vollverb. Hilfsverben sind z. B. waren und hatten. Vollverben sind z. B. gegangen und zusammengestellt.

So bildest du das Plusquamperfekt:
waren (Hilfsverb) + gegangen (2. Partizip des Vollverbs)
hatten (Hilfsverb) + zusammengestellt (2. Partizip des Vollverbs)

Fülle die Tabelle aus. Verwende die 3. Person Singular, feminin.

Übung 18

	Präteritum	**Plusquamperfekt**
sein		
rufen	*sie rief*	
machen		
haben		
trödeln		
fernsehen		
lachen		*sie hatte gelacht*
anhalten		
weglaufen		

beobachten	______	______
ansprechen	______	______
beweisen	______	______
vermuten	______	______
beißen	______	______
sehen	______	______
werden	______	______

Überprüfe die Übung mit Hilfe des Lösungsteils.

Übung 19 Präsens oder Perfekt? Setze alle Verben in die richtige Zeitform.

In dieser Geschichte geht es um einen Jungen mit Namen Dennis, der im Gedränge auf dem Schulhof eine teure CD (verlieren) ______ . Zu Hause bekommt er einiges zu hören, denn er (vergessen) ______ dauernd etwas, und ihm (wegkommen) ______ immer wieder Sachen ______ . Aber diesmal ist es besonders schlimm: Die CD (leihen) ______ er sich zwei Tage vorher von einem Klassenkameraden ______ . Nach langem Hin und Her ist für Dennis klar, wie er den Schaden wieder gutmachen kann: Er (verzichten) ______ einen Monat lang auf das Taschengeld. Nachdem er dies seinem Schulfreund (mitteilen) ______ , überlegen sie gemeinsam, wie man an Geld kommen kann. Daraus (entwickeln) ______ sich Situationen, die den beiden Jungen eine Menge Ärger (einbringen) ______ .

Überprüfe die Übung mit Hilfe des Lösungsteils.

Stopp!

Schluss für heute.

Damit es ein informierender Text wird: Ersetzung der wörtlichen Rede

Die Inhaltsangabe soll informieren, nicht unterhalten. Also muss man sachliche, nüchterne Formulierungen wählen.

Alle sprachlichen Mittel, die eine Geschichte spannend, witzig, lebendig machen, z. B. die wörtliche Rede, lässt man in der Inhaltsangabe weg oder ersetzt sie durch sachliche Formulierungen.

In unserer Till-Eulenspiegel-Geschichte kommt sehr viel wörtliche Rede vor.

Beispiel

In der Geschichte heißt es z. B.:
Er zeigte dabei auf ein Haus auf der Straßenseite gegenüber und sprach: „Siehst du die großen Fenster dort? Da geh hinein."
Und so habe ich diese Aussage in Übung 14 auf Seite 28 umgeformt:
Der Frisör zeigt Eulenspiegel, dass dieser sein Geschäft, das an derselben Straße gegenüber liegt, an den großen Fenstern erkennen kann (statt der wörtlichen Rede: „Siehst du die großen Fenster dort?").
Er schickt Eulenspiegel dort hinein (statt der wörtlichen Rede: „Da geh hinein!").

Bei der zweiten Formulierung musste man genau aufpassen. Mit der Wendung „Da geh hinein" meint der Meister natürlich, dass Eulenspiegel in das Haus mit den großen Fenstern hineingehen soll. Eulenspiegel nutzt für seinen Streich aus, dass der Meister sich doppeldeutig ausdrückt. Eulenspiegel legt „Da geh hinein!" so aus: „Betritt das Haus durch die großen Fenster!" Also muss man auch in der Inhaltsangabe eine Formulierung wählen, die doppeldeutig ist.

Übung 20 In der Inhaltsangabe auf Seite 28 finden sich die beiden folgenden Sätze. Schreibe auf, wie diese Stellen in der Geschichte auf Seite 19–21 lauten.

Ein Frisör bietet ihm eine Arbeitsstelle an.

____

____

____

Eulenspiegel willigt ein.

____

____

____

Überprüfe die Übung mit Hilfe des Lösungsteils.

Finde nun möglichst knappe Formulierungen, die den Inhalt der folgenden wörtlichen Redeteile wiedergeben. Denke an die Zeitform.

Übung 21

1. Er stellte sich vor Eulenspiegel hin und schrie: „Was fällt dir ein? Du machst mir Schaden, bevor du noch ein einziges Geldstück verdient hast. War dir die Tür meines Hauses vielleicht nicht breit genug? Musstest du durch das Fenster springen?“

2. „Geselle!“, zeterte sie. „Du wärst mir der richtige Geselle. Der Leibhaftige bist du.“

3. „Aber Meister“, antwortete Eulenspiegel. „Ich habe doch nur getan, was Ihr mir geheißen habt. Vorhin auf der Straße habt Ihr auf Euer Haus gezeigt und gesagt: ‚Siehst du die großen Fenster dort? Da geh hinein.‘ Und nichts anderes habe ich getan. Ich tue immer das, was man mir sagt, und nichts anderes.“

Tipp

Achte auf die Doppeldeutigkeit.

Überprüfe die Übung mit Hilfe des Lösungsteils.

Stopp!

Schluss für heute.

Wer ist gemeint?
Das richtige Pronomen (Fürwort) finden

Beispiel

1. „Der Frisör beschließt, Eulenspiegel zu behalten, weil er faul ist."
2. „Der Frisör beschließt, Eulenspiegel zu behalten, weil er lustig ist."

Wer ist mit „er" gemeint?
Im ersten Satz ist das ganz klar: „Weil er faul ist" bezieht sich auf den Frisör. Das Wörtchen „er" ersetzt das Wort „Frisör". Es ist ein **Pronomen** (Fürwort).

Im zweiten Satz ist das genauso. Das **Pronomen** „er" bezieht sich auf das Subjekt des vorhergehenden Hauptsatzes.
Der Frisör in unserer Geschichte ist aber gar nicht lustig, hier ist vielmehr Eulenspiegel gemeint.
Also muss der zweite Satz heißen:
„Der Frisör beschließt, Eulenspiegel zu behalten, weil dieser lustig ist."
Das **Pronomen** „dieser" bezieht sich auf das letztgenannte Substantiv, in unserem Satz ist das „Eulenspiegel".

Warum verwendet man überhaupt Pronomen?

Um nicht dasselbe Nomen mehrfach schreiben zu müssen, setzt man **Pronomen** ein.

Setze das richtige Pronomen ein.

Übung 22

Alexander leiht Dennis seine Lieblings-CD. Dieser verliert sie dummerweise. Dennis ersetzt Alexander den Schaden. ______ (Dennis) muss deshalb einen Monat lang auf Taschengeld verzichten.
Johanna sammelt Poster von den Beatles und bekommt zum Geburtstag eines von Sina geschenkt. ______ (Johanna) freut sich darüber. Aber Sina ist es leicht gefallen, dieses Geschenk für Johanna zu finden, weil ____________ (Johanna) ihr schon seit zwei Wochen alles über Beatles-Poster erzählt hat.

Überprüfe die Übung mit Hilfe des Lösungsteils.

Vergleiche die folgenden Sätze.

Beispiel

„Der Meister beschimpft Eulenspiegel, weil Eulenspiegel den Meister geschädigt hat."
Das ist umständlich und lang!
„Der Meister beschimpft Eulenspiegel, weil Eulenspiegel ihn geschädigt hat."
Aber es geht noch kürzer.
„Der Meister beschimpft Eulenspiegel, weil er ihn geschädigt hat."
Noch ist allerdings nicht klar, wer wen geschädigt hat.
„Der Meister beschimpft Eulenspiegel, weil dieser ihn geschädigt hat."
Jetzt ist der Satz knapp und eindeutig.

Es gibt auch noch andere **Pronomen**.

Beispiel

„Der Frisör zeigt Eulenspiegel <u>sein</u> Haus."

Auch hier wurde ein **Pronomen** verwendet: „sein Haus“ ist das Haus des Frisörs, es gehört nicht etwa Till Eulenspiegel. Das geht aus dem Zusammenhang deutlich hervor, und auch „sein“ bezieht sich auf das Subjekt des Satzes, also auf „Der Frisör“. Wenn das Haus Eulenspiegel gehörte, müsste es heißen: „Der Frisör zeigt Eulenspiegel dessen Haus.“ Aber Eulenspiegel hat ja gar kein Haus.

Schwieriger wird es mit dem folgenden Beispiel.

Beispiel

„Eulenspiegel rechtfertigt sich damit, dass er nur seine Anweisung ausgeführt habe.“
Wessen Anweisung ist gemeint? Wenn du die Geschichte gelesen hast, weißt du, dass die Anweisung des Frisörs gemeint ist. Aber „seine“ bezieht sich auf das Subjekt. Das Subjekt ist hier „er“, nämlich Eulenspiegel. Auch im Hauptsatz ist das Subjekt Eulenspiegel. Also könnte man den Satz, wenn man die Geschichte nicht gelesen hat, auch so verstehen:
Eulenspiegel rechtfertigt sich damit, dass Eulenspiegel die eigene Anweisung ausgeführt hat.
Das wäre eine echte „Eulenspiegelei“!
Um diesen Unsinnssatz zu vermeiden, schreibt man besser: „Eulenspiegel rechtfertigt sich damit, dass er nur die Anweisung des Meisters ausgeführt habe.“

Setze eindeutige Formulierungen ein.
Verwende dabei auch Pronomen, wenn sie die Beziehungen eindeutig bestimmen.

Übung 23

Anne tobt wieder einmal durch die Klasse. Charlotte will ______ (Anne) ausweichen und stößt ihre eigene und Tinas Schultasche aus Versehen vom Tisch. Seufzend bückt sich Charlotte und beginnt, ________ (Charlottes) Bücher und Hefte einzusammeln. Da kommt ________ (Tina) und meint, ________________ (Charlotte) hätte doch auch ________ (Tinas) Sachen mit aufheben können. Aber __________________ (Charlotte) erwidert gereizt, dass ________ (Tina) sich ja wohl zuerst an ________ (Anne) wenden sollte, weil __________ (Anne) schließlich verantwortlich dafür sei, dass __________ (Tinas) Schultasche heruntergefallen sei.

Überprüfe die Übung mit Hilfe des Lösungsteils.

Stopp!

Schluss für heute.

Zusammenfassung

Im folgenden Kasten findest du noch einmal einen Überblick über die wichtigsten Mittel zur sprachlichen Gestaltung einer Inhaltsangabe.

Das musst du bei der sprachlichen Gestaltung beachten:

1. Die Inhaltsangabe steht immer im **Präsens** (in der Gegenwart). Bei Vorzeitigkeit verwendest du das **Perfekt** (die vollendete Gegenwart).
2. In der Inhaltsangabe steht **keine wörtliche Rede**.
3. Um nicht mehrfach dasselbe Nomen schreiben zu müssen, setzt du eindeutige **Pronomen** ein.

Eine Inhaltsangabe anfertigen: einen informierenden Text über einen anderen Text schreiben

Übung 24

Lies die Zusammenfassungen auf den Seiten 27 und 41. Lege die Materialien, dein Stichwortbild und die Geschichte, bereit. Schreibe eine Inhaltsangabe zu der Eulenspiegel-Geschichte von Seite 19–21 in dein Heft.

Überprüfe nun deine Lösung.

Stopp!

Schluss für heute.

Was sonst noch wichtig ist

Nichts hinzufügen: keine persönlichen Kommentare

Mit Hilfe der W-Fragen findest du wichtige Informationen in einem Text.

Hilfe

Lies zu den W-Fragen Seite 12–13.

> Wenn eine W-Frage sich nicht beantworten lässt, spielt dieser Gesichtspunkt im Text keine Rolle. In diesem Fall darfst du auch keine Vermutung hinzufügen.

In einer Inhaltsangabe über unsere Geschichte steht dieser Satz:

Beispiel

> „Eulenspiegel springt direkt durch die Fensterscheibe in den Laden des Meisters, weil er dessen Befehl absichtlich falsch verstanden hat.“

Natürlich vermutet man, dass Eulenspiegel den Befehl des Meisters absichtlich falsch versteht. Es ist ja bekannt, dass Eulenspiegel anderen gerne Streiche spielt. Aber in der Geschichte steht das nirgends direkt. Es handelt sich um eine Annahme, eine Interpretation, die die Geschichte uns nahe legt. Unsere Interpretationen haben aber in einer Inhaltsangabe nichts zu suchen. Diese informiert nur über das, was in der Geschichte direkt zu lesen ist.

Oft legt dir eine Geschichte Vermutungen oder Interpretationen nahe, die im Text nicht enthalten sind. Oder du kommst ganz schnell zu einem eigenen Urteil über eine Figur der Geschichte. Achte darauf, dass du dieses Urteil nicht in deine Inhaltsangabe aufnimmst.

Übung 25

Schreibe auf, welcher Teil des Satzes aus dem Beispiel in eine Inhaltsangabe gehört und welcher nicht.

Dieser Teil gehört in die Inhaltsangabe:

___

___

___

Dieser Teil des Satzes gehört nicht in die Inhaltsangabe, weil er eine Interpretation enthält:

___

___

___

Überprüfe die Übung mit Hilfe des Lösungsteils.

Übung 26

Der folgende Satz einer Inhaltsangabe zu unserer Geschichte enthält ein Urteil über den Frisör. Schreibe auf, ob dieses Urteil schon in der Geschichte steht oder ob es eine Interpretation ist.
„Der Frisör ist faul und behält Eulenspiegel trotz dieses Streiches."

Tipp

Lies zunächst die Geschichte auf Seite 19–21.

___

___

___

___

Überprüfe die Übung mit Hilfe des Lösungsteils.

Übung 27 In die folgende Inhaltsangabe haben sich einige Interpretationen, Urteile und Kommentare eingeschlichen. Finde sie heraus und unterstreiche sie.

Hinweis Dieser Text weicht an einigen Stellen von deiner Inhaltsangabe ab (vergleiche Übung 24). Bei sieben dieser Abweichungen handelt es sich um Kommentare oder Interpretationen.

Tipp
Lies zuerst wieder die Geschichte auf Seite 19–21.

Till Eulenspiegel ist wieder einmal in Hamburg und dort wie immer auf dem Markt, auf dem Gänsemarkt. Ein Bartscherer spricht ihn an, und Eulenspiegel gibt sich ihm gegenüber als Bartscherer aus. Der Bartscherer stellt Eulenspiegel als Gesellen ein, weil dieser ihm gefällt. Eulenspiegel willigt ein. Der Bartscherer erklärt ihm, wo sein Geschäft ist, und zeigt ihm, dass man es an den großen Fenstern erkennen kann. Er schickt Eulenspiegel dort hinein, ohne sich bei diesen Worten etwas zu denken.
Eulenspiegel springt direkt durch die Fensterscheibe, die in viele Stücke zerbricht. Die Frau des Meisters, der die Scherben vor die Füße fallen, ist völlig verstört und wütend auf ihren Mann. Der Meister beschimpft Eulenspiegel wegen des Schadens, den dieser verursacht hat. Aber Eulenspiegel erinnert den Meister an die Worte, mit denen dieser ihn in die Werkstatt gewiesen hat. Nach dieser Ausrede beschließt der Frisör, Eulenspiegel zu behalten, weil er dumm ist und sich leicht übers Ohr hauen lässt und weil er außerdem viele Kunden durch Eulenspiegels Späße erwartet. Diese Erwartung erfüllt sich dann auch.
Und Eulenspiegel ist wieder mal ein schöner Streich gelungen!

Überprüfe die Übung mit Hilfe des Lösungsteils.

Stopp!
Schluss für heute.

Keine Spannung erzeugen: der sachliche Schreibstil

Eine Inhaltsangabe informiert knapp und sachlich. Die folgenden Ausdrücke deuten darauf hin, dass nicht sachlich informiert, sondern spannend erzählt wird.

Das musst du bei einer Inhaltsangabe vermeiden:
- „da“, „da plötzlich“ oder „plötzlich“ am Satzanfang,
- „Zwar-aber“-Sätze, die durch die Entgegensetzung eine Spannung aufbauen können,
- Wendungen, die Gefühle oder Gefühlsäußerungen ausmalen (Gefühle, die in der Geschichte vorkommen, werden in der Inhaltsangabe nur benannt, nicht weiter ausgemalt),
- einen Wechsel in die Zeitform des Präteritums,
- Ausrufe, weil sie einen unzulässigen Kommentar darstellen.

Übung 28

Der folgende Text ist eine Inhaltsangabe zum zweiten Teil der Till-Eulenspiegel-Geschichte, in der Eulenspiegel beim Bartscherer eingestellt worden ist. In diese Inhaltsangabe haben sich spannende Formulierungen eingeschlichen. Finde sie heraus und unterstreiche sie. Unterstreiche danach auch alle Stellen, an denen ein Wechsel ins Präteritum oder ins Plusquamperfekt erfolgt.

Die vielen Kunden, die Eulenspiegels Späße dem Geschäft des Bartscherers bringen, haben auch zur Folge, dass die Rasiermesser bald stumpf werden. Der Meister hat keine Lust, sie zu schleifen, weil dies eine langweilige Arbeit ist. Er weist Eulenspiegel an, die Messer zu schleifen, und zwar überall gleich. Eulenspiegel schleift einen ganzen Vormittag lang singend im Hof die Messer. Als der Meister nach getaner Arbeit kommt und die Messer überprüft, sah er zu seinem Entsetzen, dass Eulenspiegel

Rücken und Schneide gleichermaßen geschliffen und somit unbrauchbar gemacht hatte. Eulenspiegel rechtfertigt sich zwar damit, dass er nur die Anweisung des Meisters ausgeführt habe. Aber da wird dieser erst richtig wütend, brüllt Eulenspiegel an und entlässt ihn auf der Stelle. Eulenspiegel soll gehen, woher er gekommen ist. Eulenspiegel wunderte sich zwar, nahm aber einen Anlauf in der Stube und sprang plötzlich noch einmal durch das mittlere Fenster des Hauses. Vor lauter Schrecken und Wut fiel den Arbeitgebern Eulenspiegels nichts anderes ein, als hinter ihm herzurennen. Das sah knapp aus für Till! Aber während der Meister einen Schutzmann holen ging, gelang es Eulenspiegel, der Meisterin zu entkommen und sich auf ein eben abfahrendes Schiff zu retten.

Überprüfe die Übung mit Hilfe des Lösungsteils.

Stopp!

Schluss für heute.

Die zeitlichen und logischen Zusammenhänge durch den Satzbau verdeutlichen

Die Klasse 8b plant mit ihrer Lehrerin eine Klassenfahrt am Ende des Schuljahres. Tobias schreibt auf, wie die Fahrt, eine Radtour von Neuburg nach Altensee, verlaufen könnte.

Beispiel

Bei strahlendem Sonnenschein wandern wir Donnerstag früh zu Fuß die drei Kilometer zum Fahrradverleih in Neuburg. Dort darf sich jeder ein Fahrrad aussuchen. Dann weist uns der Verleiher ausführlich auf unsere Sorgfaltspflicht gegenüber den Fahrrädern hin. Dann können wir endlich starten.

Tobias liest diesen Anfang seines Textes noch einmal durch. Aber er ist nicht damit zufrieden, dass dort zweimal „dann“ steht. Er schreibt eine neue Fassung.

Beispiel

Bei strahlendem Sonnenschein wandern wir Donnerstag früh die drei Kilometer zum Fahrradverleih in Neuburg, wo sich jeder ein Fahrrad aussuchen darf. Nachdem uns der Verleiher ausführlich auf unsere Sorgfaltspflicht gegenüber den Fahrrädern hingewiesen hat, können wir endlich starten.

Nun ist Tobias zufrieden. Um einen **zeitlichen Zusammenhang** zu verdeutlichen, hat er bei der Überarbeitung die Konjunktion (das Bindewort) „nachdem" verwendet. Sie zeigt an, dass der Hinweis des Fahrradverleihers zeitlich vor dem Start der Klasse liegt. Deshalb steht als Zeitform das Perfekt (die vollendete Gegenwart): „hingewiesen hat".

Übung 29

Verbinde die folgenden Sätze zu Satzgefügen. Verwende dabei die Bindewörter (Konjunktionen) „als", „nachdem", „während" und „bevor".
Schreibe die neuen Sätze in dein Heft.

Hinweis

Sätze, die aus Hauptsatz und Gliedsatz bestehen, nennt man Satzgefüge.

1. Wir fahren hinter Neuburg auf einer kleinen Straße durch einen lichten Laubwald. – Hier finden alle die Fahrt noch sehr bequem.
2. Nach drei Kilometern verlassen wir die schöne Teerstraße. – Da wird die Strecke schon schwieriger.
3. Es geht jetzt auf einem Sandweg am See entlang. – Vorher mussten wir auf einem Feldweg den Schlaglöchern ausweichen.
4. Bei jeder Abzweigung werden wilde Diskussionen über die weitere Route geführt. – Trotzdem erreichen wir schließlich Altensee.
5. Bei einer Bank direkt am See wird erst mal eine Rast eingelegt. – Dort müssen sich die meisten von ihrem harten Sattel und den Schlaglöchern des Weges erholen.

Überprüfe die Übung mit Hilfe des Lösungsteils.

Bisher hast du jeweils zwei Sätze durch **zeitliche Konjunktionen** miteinander verbunden. Du kannst Sätze aber auch durch **logische Konjunktionen** miteinander verbinden. So erkennt jeder gleich beim Lesen, in welchem Zusammenhang die Sätze stehen. Die Verwendung von Satzgefügen und von entsprechenden Konjunktionen lockert deinen Text auf und verbessert die Satzanfänge. Außerdem wird dein Text genau und gut verständlich.

In Geschichten sind die einzelnen Handlungen der jeweiligen Personen zeitlich und logisch aufeinander bezogen. Das zeigt auch unsere Till-Eulenspiegel-Geschichte. Die Pfeile in der Mindmap auf Seite 26 machen dir die zeitlichen und logischen Beziehungen deutlich.
Hier die wichtigsten Konjunktionen mit je einem Beispiel:

1. Die Konjunktionen „weil" und „da" geben einen **Grund** an.

Beispiel

Weil der Frisör faul ist, stellt er Eulenspiegel ein.

2. Die Konjunktion „obwohl" gibt einen **Einwand**, einen **Gegengrund** an.

Beispiel

Obwohl Eulenspiegel mutwillig die Scheibe zerstört hat, stellt der Frisör ihn ein.

3. Die Konjunktion „sodass" gibt eine **Folge** an.

Beispiel

Eulenspiegel springt durch die Fensterscheibe, *sodass* diese zerbricht.

4. Die Konjunktion „damit" gibt eine **Absicht** an.

Beispiel

Der Bartscherer stellt den Spaßvogel Eulenspiegel ein, *damit* mehr Kunden zu ihm kommen und sein Geschäft besser läuft.

5. Die Konjunktionen „wenn“ und „falls“ geben eine **Bedingung** an.

Beispiel

Wenn Eulenspiegel die Stelle beim Frisör annimmt, dann muss er auch langweilige und unangenehme Arbeiten wie das Messerschleifen ausführen.

Die folgenden fünf Beziehungen sind die häufigsten logischen Beziehungen, die in Texten vorkommen:

- Grund (weil, da)
- Gegengrund (obwohl)
- Folge (sodass)
- Absicht (damit)
- Bedingung (wenn, falls)

Übung 30

Verbinde die folgenden Stichwörter zu Satzgefügen. Verwende dabei Konjunktionen wie z. B. „weil“, „obwohl“, „wenn“, „sodass“ oder „damit“.

1. Fortsetzung der Fahrradtour an der Uferpromenade, wahres Hindernisfahren – viele Spaziergänger unterwegs, vor allem Familien mit Kinderwagen
2. am Ziel viel später als geplant – leider recht wenig Zeit für Besichtigung des Wasserschlosses von Altensee
3. alle müde und kaputt bei Ankunft im Zentrum von Altensee – gute Stimmung beim Anblick der vielen Eisdielen und Straßencafés
4. genaue Terminabsprache für Treffpunkt zur Rückfahrt – jeder kann Freizeit in Ruhe genießen
5. mit Erdbeereis und Cola gestärkt und außerdem ausgeruht – Schlaglöcher auf dem Rückweg kein Problem
6. nächste längere Radtour mit der Klasse – genaue Wegbeschreibung und mehr Zeit einplanen

Überprüfe die Übung mit Hilfe des Lösungsteils.

Stopp!

Schluss für heute.

Umwandlung der wörtlichen Rede in die indirekte Rede

Bei einer Inhaltsangabe verwendet man keine wörtliche Rede.

Hilfe

Vergleiche noch einmal Seite 35–37.

Im Kapitel „Ersetzung der wörtlichen Rede“ hast du gelernt, die **wörtliche Rede** in der Inhaltsangabe durch andere Formulierungen, meist Verben, zu ersetzen. In manchen Fällen ist eine solche Umformulierung der **wörtlichen Rede** nicht möglich. Dann musst du sie durch die **indirekte Rede ersetzen**.

Beispiel

Wörtliche Rede:
„Ich finde, du musst heute mal dein Zimmer aufräumen!“, sagt die Großmutter zu Marius. „Morgen kommen deine Eltern aus dem Urlaub zurück, da wird es höchste Zeit!“

Umformulierung in die indirekte Rede:
Die Großmutter sagt zu Marius, sie finde, er müsse heute sein Zimmer aufräumen. Morgen kämen seine Eltern aus dem Urlaub zurück, da werde es höchste Zeit.

Einige Verben des zweiten Satzes (der indirekten Rede) kommen dir vielleicht ungewohnt vor. In der **indirekten Rede** stehen die Verben in einer anderen Aussageweise (einem anderen Modus) als dem gewohnten. Diese Aussageweise (diesen Modus) nennt man **Konjunktiv** (Möglichkeitsform). Die andere, gewohnte Aussageweise nennt man **Indikativ** (Wirklichkeitsform).

Beispiel

Wörtliche (direkte) Rede	Indirekte Rede
(ich) finde	(sie) finde
(du) musst	(er) müsse
(sie) kommen	(sie) kämen
(es) wird	(es) werde

Außer der Aussageweise ändert sich noch etwas: In der **indirekten Rede** wird nur noch die dritte Person verwendet (Singular: er, sie, es; Plural: sie). Die Formen der ersten und zweiten Person (in unserem Beispiel ich und du) werden umgewandelt.

Außer in Inhaltsangaben kommt die **indirekte Rede** oft in Zeitungsartikeln und anderen Nachrichtentexten vor.

Einem Zeitungsbericht geht oft ein Interview voraus. Im folgenden Kasten findest du ein Beispiel dafür.

Beispiel

Hier ein Interview mit dem Spitzenreiter der 85. Tour de France, Uli Hurtig, und seinem Teamchef.
Uli Hurtig beantwortet soeben die erste Frage des Reporters. „Der Regen hat mich fertig gemacht", sagt er, „heute lief alles gegen mich. Zu diesen grausamen äußeren Bedingungen kam die Tatsache, dass ich im Finale völlig isoliert war."
Zu seinen Chancen auf den Sieg will er nicht Stellung nehmen. Deshalb zeigt die Kamera jetzt den Teamchef, der sich aufmunternd an den Radsportler wendet: „Wir alle schätzen deine Spurtstärke. Wenn du den Abstand zu Nervani bei den nächsten Etappen verkürzen kannst, sehe ich große Chancen für dich beim Zeitfahren am vorletzten Tourtag."

Aus diesem Interview ist der folgende Zeitungsbericht entstanden.

Übung 31

Unterstreiche zunächst im Zeitungsartikel auf Seite 52 alle Sätze und Satzteile, die indirekte Rede enthalten.
Zeichne dann eine Tabelle wie im Beispiel auf Seite 50 in dein Heft. Trage die indirekten Reden dort ein. Ergänze in Klammern die Grundformen der Verben. Notiere zuletzt die entsprechenden Formulierungen der direkten Rede.

Bei der 13. Etappe der 85. Tour de France verlor der Vorjahressieger Uli Hurtig das gelbe Trikot des Spitzenreiters an seinen großen Konkurrenten Marc Nervani. Nervani führt damit im Gesamtklassement mit über sechs Minuten vor Hurtig, der auf den vierten Platz zurückgefallen ist. Alles sei gegen ihn gelaufen, der Regen habe ihn fertig gemacht, so erklärte Hurtig seine Niederlage. Dazu sei er im Finale völlig isoliert gewesen. Aber sein Teamchef gab Hurtigs Chancen auf einen Sieg noch nicht verloren, falls dieser den Abstand zu Nervani bei den nächsten Etappen verkürzen könne. Er sehe große Chancen für Hurtig beim Zeitfahren, sie alle schätzten seine Spurtstärke hoch ein. Der Überraschungssieger Nervani, der zum ersten Mal überhaupt das gelbe Trikot trägt, zeigte sich zuversichtlich. Er habe sich stark genug zum Angriff auf Hurtigs Spitzenposition gefühlt und sei durch den Sieg bestätigt worden, und nun rechne er damit, diesen Vorsprung noch ausbauen zu können.

Überprüfe die Übung mit Hilfe des Lösungsteils.

Wenn du die Verben der indirekten Rede in deiner Tabelle ansiehst, kannst du erkennen, wie der Konjunktiv gebildet wird. Am häufigsten benötigst du die Einzahlform des Konjunktivs. Sie ähnelt der Grundform des Verbs. Wenn du von der Grundform das Schluss-n wegstreichst, erhältst du den Konjunktiv in der Einzahl der indirekten Rede: aus „finden“ wird „finde“, aus „sein“ wird „sei“.
So wurde aus der direkten Rede im Interview die indirekte Rede des Zeitungsberichts.

Beispiel

Direkte Rede wird zu indirekter Rede

1. „Heute **lief** alles gegen **mich**" wird zu:
   Alles **sei** gegen **ihn gelaufen.**
2. „Der Regen **hat mich fertig gemacht**" wird zu:
   Der Regen **habe ihn fertig gemacht.**
3. „... dass **ich** im Finale völlig isoliert **war**" wird zu:
   ... **sei er** im Finale völlig isoliert **gewesen.**
4. „Wenn **du** den Abstand bei den nächsten Etappen verkürzen **kannst**" wird zu: ... falls **dieser** (= **er**) den Abstand zu Nervani bei den nächsten Etappen verkürzen **könne.**
5. „**Wir alle schätzen deine** Spurtstärke" wird zu:
   Sie alle schätzten seine Spurtstärke.

Übung 32

Schreibe auf: Was verändert sich bei der Umwandlung der direkten Rede in die indirekte Rede?

Überprüfe die Übung mit Hilfe des Lösungsteils.

Stopp!

Schluss für heute.

Übung 33 Schreibe eine Inhaltsangabe zum folgenden Abschnitt unserer Till-Eulenspiegel-Geschichte. Verwende die indirekte Rede.

Tipp

Unterstreiche zunächst alle Stellen mit direkter Rede.

Der Meister nahm das erste Messer zur Hand und dachte im gleichen Augenblick, er müsste zerspringen vor Wut. Eulenspiegel hatte nämlich nicht nur die Schneide des Messers von oben bis unten scharf geschliffen, er hatte es mit dem Messerrücken genauso gemacht. Und so wie das erste Messer sahen die anderen aus.

„Kannst du mir sagen, was das soll?“, schrie der Bartscherer. „Die Messer sind nicht mehr anzufassen! Kannst du mir sagen, wer dich das geheißen hat?“

Eulenspiegel sah den Bartscherer erstaunt an. „Aber Meister, Ihr seid es doch selber gewesen. Ihr habt gesagt, ich soll sie überall gleich scharf schleifen. Nichts anderes habe ich getan, wie Ihr seht.“

Da stampfte der Bartscherer mit den Füßen auf und schüttelte seine Fäuste. „Lass die Messer liegen, du nichtsnutziger Mensch, und geh hin, wo du hergekommen bist. Ich will dich nicht mehr sehen!“

Eulenspiegel zuckte die Schultern, ließ Messer und Schleifstein stehen, ging in die Stube, nahm Anlauf, so gut es ging, und sprang mit einem einzigen Satz abermals durch das mittlere Fenster des Hauses.

Überprüfe die Übung mit Hilfe des Lösungsteils.

Tipp Um den Konjunktiv der indirekten Rede in der Mehrzahl zu bilden, setzt du zunächst das Verb ins Präteritum, aus „sie geben“ wird „sie gaben“. Anschließend musst du noch den Vokal zu einem Umlaut umformen: Aus „sie gaben“ wird „sie gäben“.

Eine Ausnahme bilden die Verbindungen mit dem Hilfsverb „sein“: „sie waren“ wird im Konjunktiv der indirekten Rede zu „sie seien gewesen“.

Achtung, Stolperstein!

Zusammenfassung

Hier ein Überblick, was sonst noch wichtig ist bei einer Inhaltsangabe.

Auch darauf musst du bei der Inhaltsangabe achten:

1. Wenn sich eine W-Frage nicht beantworten lässt, bleibt diese Frage unbeantwortet. Auch deine eigenen Vermutungen, Interpretationen oder Urteile über eine Figur gehören nicht in die Inhaltsangabe.
2. Du darfst in der Inhaltsangabe keine Spannung aufbauen. Vermeide deshalb Wendungen wie „da plötzlich“ oder „zwar – aber“.
3. Wandle direkte Rede in indirekte Rede um.
4. Gefühle, die eine Figur zeigt, werden nur knapp genannt, aber nicht ausgemalt.
5. Um zeitliche oder logische Zusammenhänge deutlich zu machen, verwendest du zeitliche oder logische Konjunktionen (z. B. „nachdem“ und „weil“).

Stopp!

Schluss für heute.

Eine Einleitung formulieren

„Till Eulenspiegel steht in Hamburg auf dem Gänsemarkt.“ So fängt bisher unsere Inhaltsangabe vom ersten Teil der Till-Eulenspiegel-Geschichte an: mit dem Beginn der Handlung.

So hast du es vielleicht gelernt, wenn es um eine Erzählung ging: In die **Einleitung** gehören die Angaben, an welchem Ort zu welcher Zeit welche Personen etwas Spannendes erlebt haben. Die **Einleitung** dient bei einer Erzählung dazu, den Leser zu orientieren und sein Interesse für die Geschichte zu wecken. Der Leser einer Inhaltsangabe wird ebenfalls über die Handlung der Geschichte orientiert. Aber nicht so, dass es ihn neugierig macht, wie die Handlung im Einzelnen verläuft. Er soll vielmehr gleich zu Anfang erfahren, worum es insgesamt geht. Deshalb nennt die Inhaltsangabe bereits in den einleitenden Sätzen den Kern der Geschichte.

Die **Einleitung** der Inhaltsangabe kannst du also erst formulieren, wenn du die Arbeitsschritte auf den Seiten 22–27 erledigt hast und dir klar ist, worum es im Ganzen geht.

Übung 34 Vergleiche die folgenden einleitenden Sätze zu unserer Till-Eulenspiegel-Geschichte und kreuze die beste Einleitung an. Begründe deine Entscheidung. Nenne auch die Mängel der anderen Sätze.

1. Im vorliegenden Ausschnitt einer Till-Eulenspiegel-Geschichte geht es um einen Streich Till Eulenspiegels. ☐
2. Im vorliegenden Ausschnitt einer Till-Eulenspiegel-Geschichte geht es um einen Streich, den Eulenspiegel einem faulen Bartscherer spielt. ☐
3. Im vorliegenden Ausschnitt einer Till-Eulenspiegel-Geschichte wird erzählt, wie Till die Werkstatt seines neuen Meisters durch eine Fensterscheibe betritt und trotzdem seine Anstellung behält. ☐
4. Im vorliegenden Ausschnitt einer Till-Eulenspiegel-Geschichte wird erzählt, dass Till gleich nach seiner Anstellung durch die Fensterscheibe der Werkstatt seines neuen Meisters springt, sodass die Scheibe zerbricht. Und obwohl der Meister wütend geworden ist, behält er Till als Gesellen, weil er sich Erfolg bei seinen Kunden durch Tills Späße verspricht und weil er faul ist. ☐

Überprüfe die Übung mit Hilfe des Lösungsteils.

Die ersten Sätze der **Einleitung** einer Inhaltsangabe enthalten bereits eine Zusammenfassung der wichtigsten Textaussagen, den Kern der Geschichte. Außerdem beantwortet die **Einleitung** einer Inhaltsangabe noch folgende Fragen: Wer ist der Autor? Wie lautet der Titel? Wann ist der Text entstanden? Um welche Textart – z. B. Kriminalgeschichte, Märchen, Sage, Erzählung, Schwank – handelt es sich?

Die Till-Eulenspiegel-Geschichte auf Seite 19–21 und 54 heißt „Till Eulenspiegel nimmt Dienst bei einem Bartscherer" und ist von Barbara Bartos-Höppner in ihrem Buch aus dem Jahre 1997 neu erzählt worden. Eine solche Geschichte nennt man „Schwank".

Übung 35

Schreibe eine Einleitung zur Geschichte von Till Eulenspiegel und dem Bartscherer in dein Heft.
Denke daran: Deine Einleitung muss Autor, Titel, Textart, Entstehungszeit und Thema (Kern) der Geschichte enthalten.

Überprüfe nun deine Lösungen.

Eine gute Einleitung ist die „halbe Miete" bei einer Inhaltsangabe.

So übst du Einleitungen.
Schreibe eine Einleitung
- zu einer Geschichte, die dir besonders gut gefällt,
- zu deinem Lieblingscomic,
- zu einer Fernsehserie.

Beispiel

In der am 23. Juni 2000 ausgestrahlten Folge „Montags immer" aus der Fernsehserie „Schule ohne Ende" geht es um die Klasse 8b der Goetheschule. Am Ende der ersten Stunde wird die ganze Klasse in Aliens verwandelt und findet sich auf dem Planeten HOPE 2002 wieder.

Stopp!

Schluss für heute.

Textarten erkennen: erzählende Texte

Zur Einleitung einer Inhaltsangabe gehört auch die Information, um welche Textart es sich handelt. Woran du sie jeweils erkennst, lernst du in diesem Abschnitt.
Es gibt verschiedene Arten von erzählenden Texten. Sie können realistische oder phantastische Geschichten enthalten. Erzählende Texte, die bestimmte Merkmale gemeinsam haben, ordnet man derselben Textart zu. Die Eulenspiegelgeschichten gehören zu den Schwänken.

Schwank nennt man eine knappe oder auch ausführlichere Darbietung eines witzigen oder komischen Vorgangs. Schwänke wurden zur Unterhaltung und Belustigung des Publikums, dessen Schadenfreude durch den Schwank oft angesprochen wurde, seit dem Mittelalter bis zum 19. Jahrhundert erzählt. Viele Schwänke haben gar keine namentlich bekannten Autoren, sondern wurden mündlich und schriftlich immer wieder neu erzählt.

Neben dem Schwank gibt es noch andere – kurze – erzählende Textarten, z. B. die Kalendergeschichte, die Fabel, die Ballade, die Kurzgeschichte und die Sage. Ich zeige dir, woran man sie jeweils erkennt.

Kalendergeschichte nennt man eine kurze, für ein breites Publikum erzählte Geschichte, die Erlebnisse von Personen aus niederen Volksschichten beinhaltet. Kalendergeschichten haben oft belehrende und unterhaltende Züge zugleich. Viele Kalendergeschichten zielen auf eine Moral, die manchmal am Ende auch direkt ausgedrückt wird. Der Name erklärt sich aus der Tatsache, dass diese Texte in früheren Zeiten in volkstümlichen Kalendern standen.

Durch Sonnenstrahlen wird ein Mord entdeckt

Einem jungen Burschen wurde die Tochter eines wohlhabenden Bauern im Dorfe wegen seiner Armut versagt. Jener verschwand, und es vergingen mehrere Jahre, während deren man durchaus nichts von ihm hörte. Endlich nach sechs Jahren kommt er wohl gekleidet zurück und findet seine Geliebte noch unverheiratet. Er kauft sich bald nach seiner Zurückkunft ein Gut und alles hierzu nötige Vieh und Geschirr. Seine Wohlhabenheit wird allgemein bekannt, und ihm versagt man nicht mehr das, was man ihm vor mehreren Jahren mit Stolz abgeschlagen hatte. Die Trauung und alles ist vorbei, und er schläft in dem weichen Pflaum mit anscheinender Ruhe. Die Morgensonne wirft ihren ersten Strahl durch die Bettvorhänge, wo der bis jetzt unerkannte Verbrecher nichts von Gewissensbissen fühlt. Kaum aber erreichten die Sonnenstrahlen dessen Gesicht, so fuhr er erschrocken in die Höhe, wagte sich jedoch nicht aus dem Bette. So blieb er in der größten Angst und Unruhe bis gegen den Mittag liegen, wo sein junges Weib herbeigeschlichen kam und sich um die Ursache seines Liegenbleibens erkundigte. – „Ach! die Sonnenstrahlen, der Sonnenstaub! hat er's doch gesagt, dass" – hier wurde er durch Geheul seiner Gattin, welche von ihrem Gatten nichts Gutes ahnte, unterbrochen. Die Sache wurde laut, aber noch lauter dadurch, dass ein gewaltsamer Mord an einem Juden in den Zeitungen öffentlich bekannt gemacht und der junge Ehemann, welcher sich hie und da noch verdächtig machte, eingezogen wurde. Er gestand sein Verbrechen sehr bald und sagte unter anderem aus, dass der von ihm getötete Jude, welchen er in die nächste Stadt hätte fahren sollen, mit folgenden Worten hingesunken wäre: „Die Sonnenstrahlen, der Sonnenstaub wird mein Rächer sein."

Unbekannter Verfasser

Beispiel

Hinweis

„Eingezogen" bedeutet hier verhaftet.

Übung 36 Überlege, welche Moral die Kalendergeschichte auf Seite 59 für ihr Publikum formuliert, und schreibe die Moral in einem Satz auf.

Überprüfe die Übung mit Hilfe des Lösungsteils.

___

___

Fabel nennt man eine literarische Kurzform (Erzählung, Gedicht oder Dialog), in der oft Tiere als Spieler und Gegenspieler auftreten. Deren Eigenschaften und Verhaltensweisen sind jedoch menschlich: Die Tiere in Fabeln stehen für Menschen. Die Fabel mündet in eine Lehre, die oft am Ende ausdrücklich formuliert wird. Fabeln sind Beispielgeschichten: Sie zielen verschlüsselt auf menschliche Verhältnisse, oft auf politische und gesellschaftliche Zusammenhänge. Fabeln werden seit der Antike bis heute erzählt.

Beispiel

Wolfdietrich Schnurre: Die Macht der Winzigkeit

„Mach, dass du wegkommst!", schnaubte der Stier die Mücke an, die ihm im Ohr saß. „Du vergisst, dass ich kein Stier bin", sagte die; und stach ihn gemächlich.

In diesem Beispiel wird so knapp erzählt, dass jedes Wort der Fabel wichtig ist. Dass die Mücke den Stier nicht sofort und schnell, sondern auch noch in aller Ruhe („gemächlich") sticht, zeigt, wie sie ihre Überlegenheit – trotz ihrer Winzigkeit – ausspielen kann. Wenn man eine Inhaltsangabe dieser Fabel schreiben müsste, würde die Inhaltsangabe also genauso lang sein müssen wie das Original.

Notiere einige Eigenschaften von Menschen, für die Stier und Mücke in dieser Fabel stehen:

Übung 37

Stier: ____________________

Mücke: ____________________

Überprüfe nun deine Lösungen.

Stopp!

Schluss für heute.

Ballade nennt man eine Textart, die ein Geschehen in verschiedene Handlungsschritte gliedert (wie eine Erzählung). Sie hat Merkmale eines Gedichts (z. B. ist sie in Strophen aufgeteilt und weist manchmal Reime und einen festen Rhythmus auf), und die Personen sprechen miteinander (wie in dramatischen Texten). In vielen Balladen gibt es einen dramatischen Höhe- und Wendepunkt.
Die Ballade hat ihren Namen von Tanzliedern. Auch heute gibt es noch gesungene Balladen, die dann oft – wie auch andere Lieder – einen Refrain (einen wiederkehrenden Text am Ende jeder Strophe) haben.

Beispiel

Heinrich Heine: Belsazar

Die Mitternacht zog näher schon;
In stummer Ruh lag Babylon.

Nur oben in des Königs Schloss,
Da flackerts, da lärmt des Königs Tross.

Dort oben in dem Königssaal
Belsazar hielt sein Königsmahl.

Die Knechte saßen in schimmernden Reihn,
Und leerten die Becher mit funkelndem Wein.

Es klirrten die Becher, es jauchzten die Knecht;
So klang es dem störrigen Könige recht.

Hinweis

Die Stadt Babylon (im Alten Testament Babel) war um 2000 v. Chr. das kulturelle Zentrum Vorderasiens.
„Tross" bedeutet Gefolge.

Des Königs Wangen leuchten Glut;
Im Wein erwuchs ihm kecker Mut.

Und blindlings reißt der Mut ihn fort;
Und er lästert die Gottheit mit sündigem Wort.

Und er brüstet sich frech, und lästert wild;
Die Knechtenschar ihm Beifall brüllt.

Der König rief mit stolzem Blick;
Der Diener eilt und kehrt zurück.

Er trug viel gülden Gerät auf dem Haupt;
Das war aus dem Tempel Jehovahs geraubt.

Und der König ergriff mit frevler Hand
Einen heiligen Becher, gefüllt bis am Rand.

Und er leert ihn hastig bis auf den Grund,
Und rufet laut mit schäumendem Mund:

„Jehovah! dir künd ich auf ewig Hohn!
Ich bin der König von Babylon!"

Doch kaum das grause Wort verklang,
Dem König wards heimlich im Busen bang.

Das gellende Lachen verstummte zumal;
Es wurde leichenstill im Saal.

Und sieh! und sieh! an weißer Wand
Da kams hervor wie Menschenhand,

Und schrieb, und schrieb an weißer Wand
Buchstaben von Feuer, und schrieb und schwand.

Der König stieren Blicks da saß,
Mit schlotternden Knien und totenblass.

Die Knechtenschar saß kalt durchgraut,
Und saß gar still, gab keinen Laut.

Hinweis

„Magier" bedeutet hier so viel wie Weiser, Gelehrter, Astrologe, Wahrsager.

Die Magier kamen, doch keiner verstand
Zu deuten die Flammenschrift an der Wand.

Belsazar ward aber in selbiger Nacht
Von seinen Knechten umgebracht.

Suche den dramatischen Höhe- und Wendepunkt dieser Ballade und notiere ihn.

Übung 38

Überprüfe die Übung mit Hilfe des Lösungsteils.

Kurzgeschichte nennt man eine Textart, die erst nach 1945, aus den USA kommend, in Deutschland bekannt wurde. Kennzeichen dieser Textart sind: Inhalte oft dem Alltag entnommen, Handlungsträger sind ganz normale Personen, häufig unvermittelter Anfang und offenes Ende, Gang der Erzählung entspricht nicht immer der Reihenfolge der Ereignisse, Bestreben, den Leser zu provozieren und sein Weiterdenken zu aktivieren.
Kurzgeschichten enthalten oft Kritik an gesellschaftlichen Verhältnissen und Normen.

Beispiel

Reiner Kunze: Die Flaumfeder

Wir führten das Gespräch zweier Väter, die das Schicksal gleichermaßen fest in den Griff genommen hat: beide sind wir Väter von Töchtern. Da schwebte in den Schein der Küchenlampe eine Flaumfeder, und ich blickte Honza verwundert an. „Gott gibt ein Stichwort“, sagte er und begann zu erzählen:

„Eines Tages kommt die Tochter mitten aus dem Unterricht in die Bibliothek gelaufen und sagt: Du sollst bitte zum Direktor kommen, aber gleich.

Ich sage: Zum Direktor?

Es ist nicht wegen der Schule, sagt sie.

Hinweis

Die Schreibweise dieses Textes folgt der Schreibweise des Originals.

Weswegen dann?
Wegen der Gänse.
Wegen welcher Gänse?
Wegen der Gänse vom Hausmeister."
Honza hob die Feder auf, die neben seinem Fuß niedergesunken war. „Du kennst diese gesprächige Art", sagte er. „Für jedes Wort ein Bittgesuch." Seine Augenbrauen, die wie Krähenflügel abstehen, begannen sich einzuschwingen, und er fuhr fort:
„Was ist mit den Gänsen? frage ich also.
Wir haben sie gefüttert, sagt sie.
Und weiter?
Ich wollte eben mal wissen, ob die das fressen ... Weil das doch auch aussieht wie Körner ... Kann ich doch nichts dafür, wenn die so blöd sind ...
Ich sage: Würdest du vielleicht die Güte haben, noch zu erwähnen, womit du sie gefüttert hast?
Na – mit Reißzwecken."
Honza bemerkte die Schluckbewegung, die ich unwillkürlich machte, und sagte: „Auch ich habe mich damals den Gänsen näher gefühlt ... Für den Direktor aber zählte mein Verwandtschaftsgrad zur Tochter.
Wissen Sie, wie selten Hausmeister sind? fragt er mich, als hätte sie nicht die Gänse, sondern den Hausmeister mit Reißzwecken gefüttert. Und wissen Sie, was der Hausmeister für eine Schule bedeutet? fragt er weiter. Ich will es Ihnen erklären, sagt er. Ein Hausmeister ist so selten, daß diese Schule schon einmal ein Vierteljahr lang ohne Hausmeister gewesen ist, und er bedeutet für einen reibungslosen Schulbetrieb so viel, daß ich ein zweites Vierteljahr ohne Hausmeister nicht überleben werde. – Was sollte ich erwidern? Damit Sie die Tragweite der Tat Ihrer Tochter voll ermessen können, sagt er schließlich, der Hausmeister trägt sich mit dem Gedanken zu kündigen.
Ich frage: Sind die Gänse denn gestorben?

Die eine hat heute morgen ununterbrochen den Kopf verdreht und mußte abgestochen werden, sagt der Direktor. Die restlichen vier werden im Laufe des Tages abgestochen werden müssen. Polnische Zuchtgänse. Import.
Ich sage: Sehen Sie denn eine Möglichkeit ...
Das mindeste ist, daß Sie die fünf Gänse kaufen, sagt er."
Honza drehte die Feder zwischen Daumen und Zeigefinger. „Aber das sind längst vergangene Zeiten, das war in der achten Klasse. Jetzt geht sie in die neunte." Und in den Flaum blasend, fügte er hinzu: „Nur segelt manchmal so eine Feder vom Gardinenbrett und erinnert an die hoffnungsvollen Tage, da die Tochter noch von Wißbegier besessen war."

Übung 39

Erläutere in deinem Heft, wie das offene Ende dieser Kurzgeschichte den Leser einbezieht und ihn zum Weiterdenken aktiviert. Welche Fragen könnte sich der Leser stellen?

Überprüfe nun deine Lösung.

Tipp

Bei der Inhaltsangabe zu einer Kurzgeschichte musst du darauf achten, dass du bei dem bleibst, was im Text direkt gesagt wird. Also musst du zum Beispiel auch das Ende offen lassen.

Als letzte Textart stelle ich dir die Sage vor.

Sage nennt man eine meist kurze Erzählung über ein außergewöhnliches, oft übernatürliches Ereignis oder Erlebnis, das an bestimmte Personen, Landschaften, Gebäude oder Naturerscheinungen geknüpft ist. Die Sage erhebt Anspruch auf Glaubwürdigkeit und hat manchmal einen geschichtlich belegbaren Kern. Sagen haben oft keine namentlich bekannten Autoren.

Hinweis

Ein Beispiel für eine Sage findest du auf Seite 71–72.

Stopp!

Schluss für heute.

Lernposter: Eine Inhaltsangabe schreiben

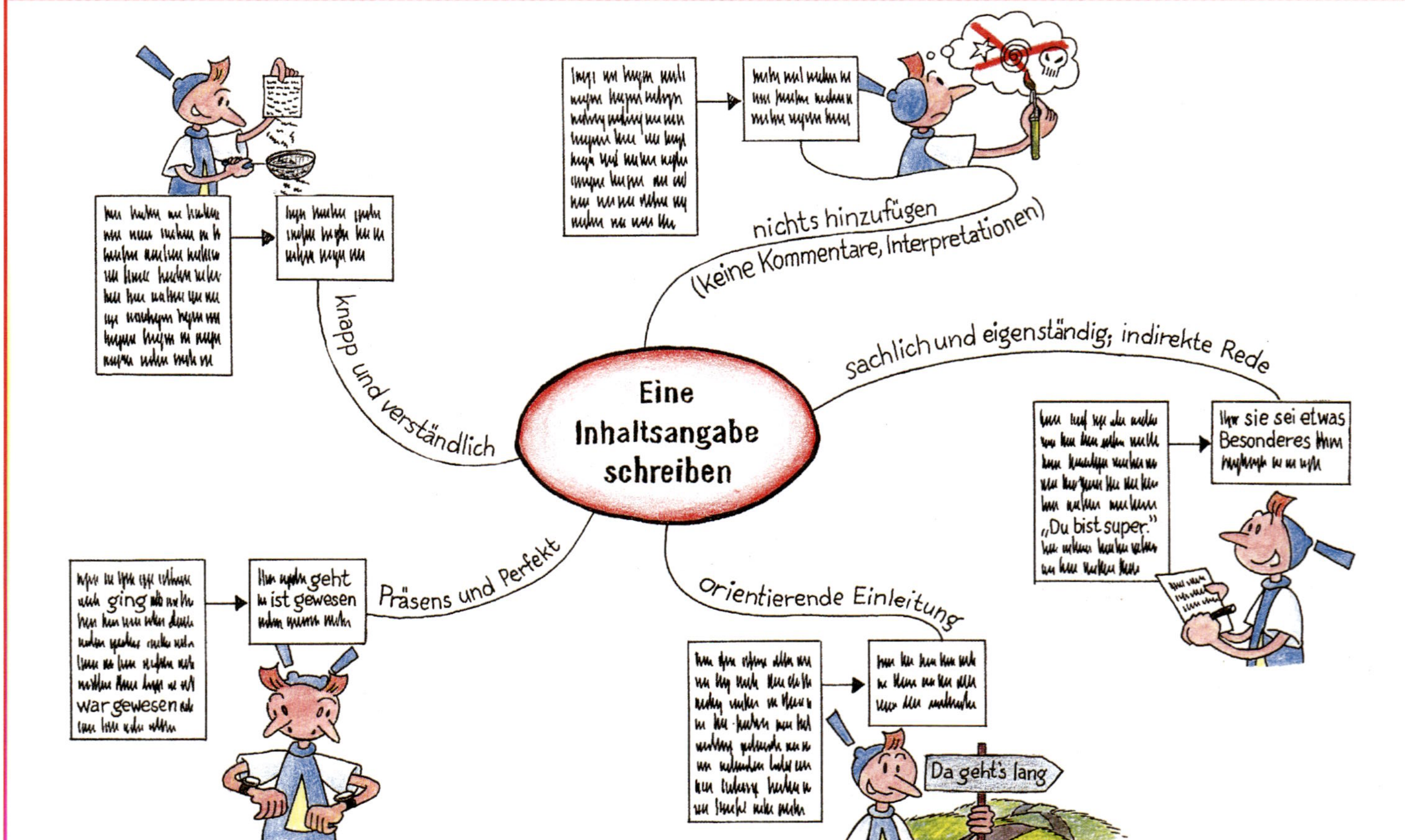

Kopiere und vergrößere dir die Übersicht auf DIN-A3-Format und hänge sie über deinen Schreibtisch an die Wand.

Wiederholung: Eine Inhaltsangabe zu dem Schwank „Eulenspiegel bäckt Eulen und Meerkatzen“

Schreibe zunächst als Wiederholung noch einmal auf, wie eine Inhaltsangabe abgefasst sein muss.

Übung 40

____

____

____

Überprüfe die Übung mit Hilfe des Lösungsteils.

Kennst du Meerkatzen? In meinem Lexikon steht diese Erklärung: „Meerkatze, althochdeutsch *merkatza*, artenreiche Affengattung besonders des tropischen Afrikas.“ Also sind Meerkatzen keine Katzen, sondern Affen. Das Wort „Meerkatze“ ist schon sehr alt, älter als die Eulenspiegel-Geschichten – und zu Eulenspiegels Zeiten sagte man zu allen Affen „Meerkatzen“. Heute ist das Wort eher aus der Mode gekommen – nur wenige wissen noch, was es bedeutet. Wie geht man mit einem solchen Wort in der Inhaltsangabe um?

Damit die Inhaltsangabe für die Leser in allen Punkten verständlich ist, müssen altertümliche Wörter eines Textes erklärt oder durch heute gebräuchliche Wörter ersetzt werden.

In unserer neuen Eulenspiegel-Geschichte kommt das ungebräuchliche Wort schon im Titel vor. In der Einleitung deiner Inhaltsangabe musst du das Wort „Meerkatzen“ bereits nennen, und da solltest du es auch gleich erklären. Danach kannst du es in der Inhaltsangabe auch weiterverwenden. Dir stehen dann sogar zwei Wörter zur Verfügung, „Meerkatzen“ und „Affen“, die du abwechselnd einsetzen kannst.

Achtung, Stolperstein!

Hier die neue Geschichte.
Der Originaltext stammt wieder von Barbara Bartos-Höppner, die zusammenfassenden Zwischentexte habe ich geschrieben.

(In der Eulenspiegel-Geschichte „Till Eulenspiegel bäckt Eulen und Meerkatzen" lässt sich Eulenspiegel, weil es Winter ist und er an die warme Backstube denkt, von einem Bäcker einstellen. Eulenspiegel hilft dem Bäcker in der Nacht dabei, Brot und Brötchen zu backen. Frühmorgens werden diese dann verkauft.)

Das ging so zwei, drei Tage, und der Bäcker war mit seinem neuen Gesellen auf das beste zufrieden. Deshalb sprach er am dritten Abend: „Heute Nacht musst du allein in der Werkstatt arbeiten. Ich muss fort und bin erst am Morgen wieder daheim."

Till Eulenspiegel nickte. „Ihr braucht mir nur zu sagen, was ich backen soll, Meister."

„Was du backen sollst?", fragte der Meister verärgert. „Bist du ein Bäcker oder bist du keiner? – Backen soll! Backen soll!", rief er. „Back Eulen und Meerkatzen!"

(Du kannst dir denken, was Eulenspiegel macht: Er bäckt fröhlich pfeifend die ganze Nacht Eulen und Meerkatzen, bis die ganze Backstube voll davon ist.)

Am nächsten Morgen, als der Meister in die Backstube trat, hätte ihn fast der Schlag getroffen. Eulen und Meerkatzen saßen auf allen Tischen und Bänken, in Backtrögen und Mehlsäcken, selbst auf dem Fensterbrett saßen sie.

„Da soll doch das heilige Donnerwetter gleich dreimal dreinschlagen!", schrie der Meister. „Verdammter Lümmel, was hast du denn hier gebacken?"

„Eulen und Meerkatzen“, antwortete Till Eulenspiegel seelenruhig, „wie Ihr es mich geheißen habt, und da sind sie nun.“

„Was soll ich mit diesem Narrenkram?“, schrie der Bäcker hochrot im Gesicht. „Das kauft mir im Laden kein Mensch ab.“ Er sprang auf Eulenspiegel zu und schüttelte ihn an den Schultern. „Du wirst mir den Teig bezahlen, du infamer Lümmel, du!“

Eulenspiegel blieb ganz ruhig, und als sich der Meister ausgetobt hatte, sagte er: „Gut, ich will Euch den Teig bezahlen. Aber dann muss mir auch die Ware gehören.“

„Die Ware! Die Ware! Nimm sie meinetwegen und häng sie dir um den Hals. Eulen und Meerkatzen! So etwas habe ich mein Lebtag noch nicht gesehen!“

(Eulenspiegel bezahlt dem Meister den Teig und packt sich die Eulen und Affen in einen großen Korb.)

Plötzlich fiel ihm ein, dass am nächsten Tag Sankt Nikolaus sein würde, das große Fest für die Kinder. Da lachte sich Till eins und stellte sich mit seinem Korb voller Eulen und Meerkatzen vor die Kirchentür. Und weil er ja nicht auf den Mund gefallen war und für jeden den richtigen Schnack fand, wurde er seine Eulen und Meerkatzen reißend los und verdiente noch ordentlich daran.

(Als der Bäcker davon hört, will er von Eulenspiegel auch noch das Geld für das Holz haben, das dieser beim Backen verbraucht hat. Aber bevor der Meister zur Kirche kommt, ist Eulenspiegel schon verschwunden.)

Übung 41

Erstelle ein Stichwortbild zu dem Schwank „Till Eulenspiegel bäckt Eulen und Meerkatzen“.
Gehe dabei nach den Arbeitsschritten zur Vorbereitung einer Inhaltsangabe vor (vergleiche Seite 22–26).

Überprüfe die Übung mit Hilfe des Lösungsteils.

Übung 42

Sieh dir den Text der Geschichte und dein Stichwortbild an.

a) Ersetze zuerst die wörtliche Rede, indem du den Inhalt mit anderen Worten beschreibst.

b) Wandle danach die wörtliche Rede in die indirekte Rede um. Schreibe die Lösung in dein Heft.

Überprüfe nun deine Lösungen.

Übung 43

Schreibe auf, welche Verbformen dir helfen, wenn du die Konjunktivformen der indirekten Rede bildest.

Hilfe

Lies noch einmal Seite 52 und 54–55.

Bei Verben in der Einzahl hilft ______________________

____

Bei Verben in der Mehrzahl hilft ______________________

____

Überprüfe nun deine Lösungen.

Stopp!

Schluss für heute.

Übung 44

Schreibe nun auf der Grundlage deines Stichwortbildes und mit Hilfe der Textvorlage auf Seite 68–69 eine Inhaltsangabe zu dem Schwank „Till Eulenspiegel bäckt Eulen und Meerkatzen“.
Überprüfe zunächst mit Hilfe des Korrekturkompasses auf Seite 92 deine Inhaltsangabe. Überarbeite, falls erforderlich, deinen Text.

Überprüfe die Übung mit Hilfe des Lösungsteils.

Stopp!

Schluss für heute.

Eine Klassenarbeit zum Üben

Schreibe eine Inhaltsangabe zu der Sage „Der Wasserneck".

Der Wasserneck (Fränkische Sage)

In einer Winternacht gingen drei Besenschnitzer von Königshofen im Kahlgrund nach Aschaffenburg, wo sie auf dem Markt ihre Besen verkaufen wollten. Um rechtzeitig in der Stadt zu sein, mussten sie lange vor Tag von daheim fort, und sie schritten mit dem schweren Bündel auf der Schulter über den knirschenden Schnee. Bis sie nächst Schimborn an die Kahl kamen, verspürten sie schon Müdigkeit und ließen sich am Bachufer auf ihre Birkenreiser nieder und ruhten aus. Es war bitterkalt, der Bach führte Eis, und plötzlich vernahmen die drei in der gefrorenen Kahl ein heftiges Poltern, als ob jemand mit großen Eisbrocken würfe. Die Männer, für gewöhnlich ohne Furcht, erschraken aber doch bei dem Lärm, der wie Donnerkrachen aus dem Bache durch die nächtliche Stille erscholl. Denn ein jeder musste unwillkür lich an den Wasserneck denken, der hier in der Kahl wohnen sollte. Etliche Leute der Umgegend hatten einige Male seine Rufe vernommen. „Hoho, hoho!", schrie er in finsterer Nacht; und die Menschen wichen ihm aus, weil er als tückisch galt, und nicht leicht wagte sich jemand in der Nähe der Kahl über ihn lustig zu machen. Nun mussten die drei Königshofer Männer, um ihren Weg fortzusetzen, über den Bach, und da wollte auf dem Steg keiner der Erste oder der Letzte sein. Endlich sprach der Jüngste im Scherz zu einem seiner Begleiter: „Hannes, geh du voraus, du bist ein frommer Mann, dir tut der Wasserneck nichts. Ich will der Letzte sein; denn der Wassermann und ich sind alte Freunde." Also betraten sie den Steg. Sie waren auch schon fast hinüber, da packte den jungen Burschen, welcher zuletzt schritt, der blanke Übermut, und er rief spottend: „Ei, gebt Acht, dass euch der Wassermann nicht holt! Hoho, Herr Wassermann, hoho!" Kaum hatte er diese Worte ausgesprochen, fasste ihn eine unsichtbare Hand und riss und zog ihn durchs Eis hinunter in die kalte Flut. Du kannst dir denken, wie die zwei anderen erschraken! Sie wagten nun keine Silbe mehr zu sprechen, solange sie nicht fern des Baches waren. Und nach dem Verkauf ihrer Besen gingen sie heimwärts nicht mehr über den Steg bei Schimborn, sondern sie suchten lieber auf einem Umweg in ihr Dorf zu gelangen.

Überprüfe die Klassenarbeit mit Hilfe des Lösungsteils.

Zum Vergleichen: Die Lösungen

Bei einigen Übungen sind mehrere Lösungen möglich. Im Lösungsteil findest du dann meinen Vorschlag.
Bitte deine Eltern, Geschwister oder Freunde in diesen Fällen, deine Lösungen zu überprüfen.

Eine Inhaltsangabe schreiben
Seite 10

Lösungen zu Übung 1

Zwei der folgenden Formulierungen solltest du notiert haben:
Ich fand es ungeheuer spannend, wie sich die Jungen in meinem Buch gegen die Abhängigkeit von ihrem Hexenmeister gewehrt haben!
Der hat sogar ihre Träume kontrolliert!
Andererseits lernen sie aber auch wirklich tolle Tricks kennen.
Und jedes Jahr muss einer der Jungen sterben!
Diese Sätze machen das Buch für Tim interessant.

Seite 11

Lösung zu Übung 2

Jana verschweigt Tim, wie das Buch ausgeht, dass der Junge sich befreien kann. Der Verkäuferin erzählt sie den Ausgang der Geschichte.

Das Wichtigste in einem Text herausbekommen
Seite 13

Lösungen zu Übung 3

Im Text auf Seite 13 müsstest du etwa folgende Abschnitte unterstrichen haben:

Braunschweig. Gestern wurde die Polizei durch Anwohner wegen eines Einbruchsversuchs in der Braunschweiger Vorstadt alarmiert. Die beiden Einsatzbeamten nahmen am Tatort drei mutmaßliche Einbrecher fest. Als einer der drei beim Einsteigen in das Polizeifahrzeug Fersengeld gab, verfolgte ihn einer der beiden Beamten. Seinem Kollegen büxten anschließend die verbliebenen zwei Festgenommenen aus. Nun setzte sich auch der zweite Polizist in Bewegung, verlor aber den Zündschlüssel im Auto. Als die beiden Beamten jeder mit einem Ausreißer wieder zurückkamen, war das Dienstfahrzeug weg. Der dritte Einbrecher hatte die Gunst der Stunde genutzt und kurzerhand das Polizeiauto geklaut, mit dem er hinter Gitter gebracht werden sollte. Der „Leihwagen" wurde später in Göttingen wieder gefunden, von seinem letzten Fahrer fehlt jede Spur.

Wer? Drei mutmaßliche Einbrecher und zwei Polizisten.
Was? Dem dritten Einbrecher gelingt beim Versuch der Festnahme die Flucht mit dem Polizeiauto.
Wo? In einer Braunschweiger Vorstadt.
Wann? Gestern.
Warum? Einer der drei Einbrecher büxte aus beim Einsteigen ins Polizeiauto, gefolgt von einem Beamten; die beiden anderen folgten, gefolgt vom anderen Polizisten – dieser hatte den Zündschlüssel im Auto verloren. Nur zwei Ausbrecher wurden gefasst.
Welche Folgen? Polizeiauto gefunden, Flüchtiger nicht.

Aus einer Reportage wird eine Zeitungsmeldung

Seite 15

Lösungen zu Übung 4

Den Text auf Seite 14–15 müsstest du folgendermaßen unterstrichen haben:

Räuber ergriffen in Kuchenschlacht die Flucht

Hineinstürmen – Geld aus der Kasse schnappen – schnell verschwinden. So hatten es sich wohl zwei Räuber gedacht, die vorhatten, in Saint-Étienne (Zentralfrankreich) am letzten Sonnabend die Kasse einer kleinen Konditorei auszurauben. Doch Madame Davier (65), die Inhaberin der Konditorei, und ihre Tochter (35) griffen blitzschnell zu hausgebackener Munition. „Ich habe überhaupt nicht überlegt", sagte Madame Davier später. Auch die beiden Enkelkinder halfen mit. „Sie haben sich großartig geschlagen!" Jeannette (13): „Ich war gerade von einer Schneeballschlacht hereingekommen und habe hier einfach weitergemacht." Die Pistole der Räuber beeindruckte die vier keineswegs. „Ich wusste gar nicht, dass es ernst ist. Ich glaube, wenn ich gewusst hätte, dass die Pistole geladen ist, hätte ich bestimmt Angst gehabt", meinte Enkelsohn Pierre (8).
Von dem Trommelfeuer von Cremetörtchen, Windbeuteln und Blätterteiggebäck sichtlich irritiert, suchten die verblüfften Räuber das Weite. „Die Einbrecher hätten auch in einer Kurzschlussreaktion schießen können", war der Kommentar eines Polizisten. „Die Konditorfamilie hat spontan gehandelt, und die Leute haben Glück gehabt." Also: Ende gut, alles gut! „Durch diesen Vorfall ist unsere Konditorei noch bekannter geworden", meinte Madame Davier. „Wir werden jetzt kleine Marzipanpistolen in unser Angebot aufnehmen!"

Radiere falsche Lösungen aus oder streiche sie durch. Bearbeite diese Aufgaben noch einmal.

Wer? Zwei Räuber und die Familie, Madame Davier (65), ihre Tochter (35), ihre Enkelkinder (13 und 8).
Was? Die Familie Davier bewarf die mit einer Pistole bewaffneten Räuber mit Gebäck.
Wo? In Saint-Étienne. In der kleinen Konditorei der Familie Davier.
Wann? Letzten Sonnabend.
Warum? Die Räuber wollten die Kasse der kleinen Konditorei ausrauben.

Lösung zu Übung 5

Seite 16

Der folgende Text ist mein Lösungsvorschlag.
Bei einem Überfall auf eine kleine Konditorei in Saint-Étienne am letzten Sonnabend gelang es der Inhaberin, Madame Davier (65), und ihrer Tochter (35) zusammen mit den acht- und dreizehnjährigen Enkelkindern, zwei mit einer Pistole bewaffnete Räuber in die Flucht zu schlagen, indem sie sie mit Windbeuteln, Blätterteiggebäck und Cremetörtchen bewarfen. Die Räuber hatten es auf die Kasse abgesehen, aber die Familie wehrte sich blitzschnell mit ihrer hausgebackenen Munition und schlug so die Räuber in die Flucht.

Lösung zu Übung 6

Den Kern des Ereignisses ermitteln
Seite 18

Der folgende Satz ist mein Lösungsvorschlag.
Ein mutmaßlicher Einbrecher klaute gestern kurzerhand das Polizeifahrzeug, mit dem er hinter Gitter gebracht werden sollte, und flüchtete damit.

Lösung zu Übung 7

Seite 18

Eine „Zweisatzmeldung“ zu einer erfundenen Folge einer TV-Serie könnte so lauten:
Unter dem Jubel ihrer Fans verbeugte sich Jana, nachdem ihr Wunsch, bei der großen Talente-Show zu gewinnen, endlich in Erfüllung gegangen war. Und ihr Freund Jakob musste einsehen, dass sie Recht behalten hatte, alles auf diese Karte zu setzen und ihre Ausbildung abzubrechen.

Lösungen zu Übung 8

Eine Inhaltsangabe zu einer Till-Eulenspiegel-Geschichte schreiben
Die Vorarbeiten
Seite 22

Folgende Textstellen können unterstrichen sein:

> Till Eulenspiegel war in Hamburg und ging dort, wie es seine Gewohnheit war, auf den Markt, auf den Gänsemarkt, und fühlte sich, weil es eben ein Markt war, fast zu Hause. Plötzlich sprach ihn ein Bartscherer an, wie die Frisöre damals genannt wurden.
> „Woher kommst du, Gesell?“
> „Diesen Weg herunter“, antwortete Eulenspiegel und zeigte über seine Schulter.
> „Aha“, sagte der Bartscherer, „und was hast du für ein Handwerk gelernt?“
> Eulenspiegel, der den Meister an seiner Schürze erkannt hatte, sagte: „Das gleiche wie Ihr. Ich bin ein Bartscherer.“

„Das trifft sich ja wie bestellt", antwortete der Bartscherer, „und wenn du womöglich eine Arbeit suchst, dann kämst du mir wie gerufen."

„Ich suche sie nicht gerade", antwortete Eulenspiegel, „aber ich nehme sie an, denn Hamburg gefällt mir."

„Abgemacht", sagte der Meister, „dann geh nur schon hinüber." Er zeigte dabei auf ein Haus auf der Straßenseite gegenüber und sprach: „Siehst du die großen Fenster dort? Da geh hinein. Ich werde mich noch ein bisschen auf dem Markt umsehen, dann komme ich nach."

„Gut", antwortete Eulenspiegel, „wie Ihr wollt." Er ging auf die andere Straßenseite, nahm Anlauf und sprang mit einem einzigen Satz durch das mittlere Fenster. Die Scheibe splitterte, es klirrte und krachte fürchterlich, und die Scherben fielen mit Eulenspiegel zusammen im Haus drinnen auf den Boden. Die Frau des Bartscherers hatte in der Stube gesessen und gesponnen. Im nächsten Augenblick sprang sie auf, schrie wie am Spieß und hielt sich die Hände vors Gesicht.

„Gott segne das ehrbare Handwerk!", rief Eulenspiegel. „Grüß Gott, Frau Meisterin, ich bin Euer neuer Geselle."

Die Frau schielte vorsichtig zwischen den Fingern hindurch.

„Geselle!", zeterte sie. „Du wärst mir der richtige Geselle. Der Teufel bist du."

Und als sie sich gerade umdrehen wollte, um aus der Stube zu rennen, stürmte der Bartscherer zur Haustür herein. Er stellte sich vor Eulenspiegel hin und schrie: „Was fällt dir ein? Du machst mir Schaden, bevor du noch ein einziges Geldstück verdient hast. War dir die Tür meines Hauses vielleicht nicht breit genug? Musstest du durch das Fenster springen?"

„Aber Meister", antwortete Eulenspiegel. „Ich habe doch nur getan, was Ihr mir geheißen habt. Vorhin auf der Straße habt Ihr auf Euer Haus gezeigt und gesagt: ‚Siehst du die großen Fenster dort? Da geh hinein.' Und nichts anderes habe ich getan. Ich tue immer das, was man mir sagt, und nichts anderes."

Jetzt hatte sich die Frau wieder gefasst und rief: „Wirf ihn hinaus, ich will ihn hier nicht sehen. Wirf ihn hinaus, wer weiß, was sonst noch alles passiert."

Aber der Bartscherer brauchte einen Gesellen, denn er war selber nicht der Allerfleißigste, und außerdem dachte er: Der Kerl scheint ein Spaßvogel zu sein; das wird sich herumsprechen und mein Geschäft heben, wenn er die

Leute beim Bartscheren gut unterhält. Außerdem kann ich ihm die Fensterscheibe vom Lohn abziehen. Also behielt er Till und ließ ihn arbeiten, und es kam so, wie er es sich vorgestellt hatte: Eulenspiegel trieb seine Späße, und die Barbierstube wurde nicht leer.

Dein Satz könnte lauten:
Till sprang durch die Fensterscheibe in die Werkstatt seines neuen Meisters.

Lösungen zu Übung 9

Seite 22

Trotzdem behält der Meister Till Eulenspiegel als Gesellen.

Lösungen zu Übung 10

Seite 23

Wer? Bartscherer-Meister, Till Eulenspiegel.
Wo? In Hamburg auf dem Gänsemarkt.
Wann? –
Warum springt Till durchs Fenster? Er hat nur getan, was der Meister gesagt hat.
Warum bleibt Till trotzdem weiter im Dienst des Meisters?
1. Der Meister ist faul und braucht Hilfe.
2. Der Meister erwartet viele Kunden durch Tills Späße.

Lösungen zu Übung 11

Seite 24

In der Inhaltsangabe müssen folgende Informationen enthalten sein:
Satz 1 („Die Fensterscheibe zersplittert"), weil er die logische Folge des Sprunges enthält.
Satz 3 („Auch der Meister wird wütend"), weil er zeigt, dass Tills Streich nicht belanglos ist.
Satz 5 („Till wird eingestellt"), weil er zum Erzählkern der Geschichte gehört.

Satz 2 und Satz 4 müssen hier nicht wiedergegeben werden, weil die Meisterin in diesem Textausschnitt keine wichtige Rolle spielt.
Frage bei solchen Entscheidungen deinen Lehrer oder deine Lehrerin, ob sie auch weniger wichtige Figuren berücksichtigt haben wollen.

Radiere falsche Lösungen aus oder streiche sie durch. Bearbeite diese Aufgaben noch einmal.

Seite 24 **Lösung zu Übung 12**

Stichwortbilder zu Geschichten können unterschiedlich aussehen. Wichtig ist, dass der „Clou“ übereinstimmt.

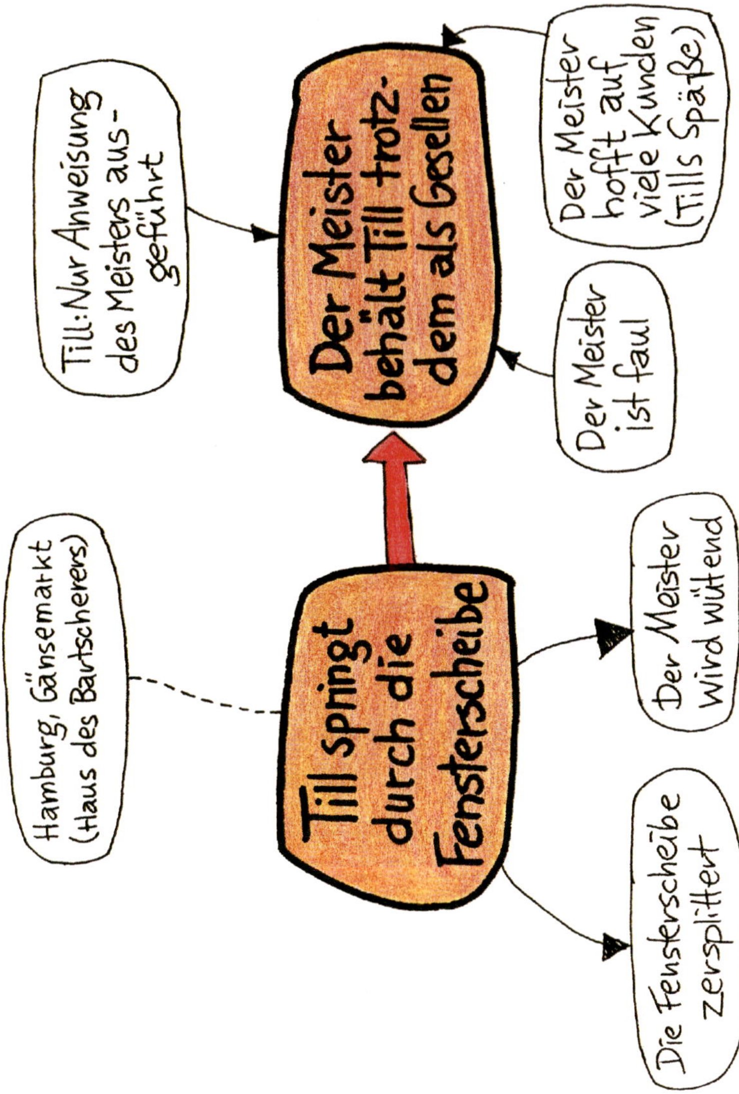

Radiere falsche Lösungen aus oder streiche sie durch. Bearbeite diese Aufgaben noch einmal.

Lösungen zu Übung 13

Seite 25

1. Der Meister zeigt auf sein Haus mit den großen Fenstern und sagt zu Till, er solle dort hineingehen.
2. Till gibt sich gegenüber einem Frisörmeister als Frisör aus. Dieser stellt Till ein.

Lösungen zu Übung 14

Die sprachliche Gestaltung

Seite 28

Ein Frisör **spricht** ihn an und
bietet ihm eine Arbeitsstelle bei sich
an. Eulenspiegel **willigt ein.**
Der Frisör **zeigt** Eulenspiegel, dass dieser
sein Geschäft, das an derselben Straße gegenüber liegt, an
den großen Fenstern erkennen **kann.**
Er **schickt** Eulenspiegel dort hinein.
Eulenspiegel **springt** durch die Fenster-
scheibe, die **zerbricht.**

Lösungen zu Übung 15

Seite 29

1. Seit Tom grüne Tinte **entdeckt hat,** **schreibt** er Briefe viel lieber.
2. Nachdem Julia ihrem kleinen Bruder eine Gruselgeschichte **vorgelesen hat,** **kann** sie jetzt selbst nicht **einschlafen.**
3. Vor einer Woche **sind** die Blüten erst **aufgegangen,** und nun **fallen** schon die Blütenblätter ab.
4. Jonas **freut** sich heute immer noch darüber, dass seine Schwester ihm gestern ihre neuen Inliner **geliehen hat.**

Lösungen zu Übung 16

Seite 31

heute (Präsens)	**Wochenende (Perfekt)**	**Klassenfahrt (Präteritum)**	**vor der Klassenfahrt (Plusquamperfekt)**
ist	ist zurückgekommen	trudelten ein	vorgestellt hatte
sitzt	geschlafen haben	stand	gewünscht hatten
reden		sahen an	waren in sich gegangen
erzählen		war	hatten zusammengestellt
tönt		stiegen	hatten vorbereitet
kommt herein		wagten	
stellt vor		erlebten	
schreiben		waren	

heute (Präsens)	Wochenende (Perfekt)	Klassenfahrt (Präteritum)	vor der Klassenfahrt (Plusquamperfekt)
soll beschreiben		richteten ein	
		herumlagen	
		fühlten	
		sollte steigen	
		gingen	
		konnte zufrieden stellen	
		ankam	
		konnte vorrappen	
		rissen hin	
		wurde	

Seite 32 Lösungen zu Übung 17

	Präsens	Perfekt
sein	er ist	er ist gewesen
rufen	er ruft	er hat gerufen
machen	er macht	er hat gemacht
haben	er hat	er hat gehabt
trödeln	er trödelt	er hat getrödelt
fernsehen	er sieht fern	er hat ferngesehen
lachen	er lacht	er hat gelacht
anhalten	er hält an	er hat angehalten
weglaufen	er läuft weg	er ist weggelaufen
beobachten	er beobachtet	er hat beobachtet
ansprechen	er spricht an	er hat angesprochen
beweisen	er beweist	er hat bewiesen
vermuten	er vermutet	er hat vermutet
beißen	er beißt	er hat gebissen
sehen	er sieht	er hat gesehen
werden	er wird	er ist geworden

Lösungen zu Übung 18

Seite 33

	Präteritum	Plusquamperfekt
sein	sie war	sie war gewesen
rufen	sie rief	sie hatte gerufen
machen	sie machte	sie hatte gemacht
haben	sie hatte	sie hatte gehabt
trödeln	sie trödelte	sie hatte getrödelt
fernsehen	sie sah fern	sie hatte ferngesehen
lachen	sie lachte	sie hatte gelacht
anhalten	sie hielt an	sie hatte angehalten
weglaufen	sie lief weg	sie war weggelaufen
beobachten	sie beobachtete	sie hatte beobachtet
ansprechen	sie sprach an	sie hatte angesprochen
beweisen	sie bewies	sie hatte bewiesen
vermuten	sie vermutete	sie hatte vermutet
beißen	sie biss	sie hatte gebissen
sehen	sie sah	sie hatte gesehen
werden	sie wurde	sie war geworden

Lösungen zu Übung 19

Seite 34

In dieser Geschichte geht es um einen Jungen mit Namen Dennis, der im Gedränge auf dem Schulhof eine teure CD **verliert.** Zu Hause bekommt er einiges zu hören, denn er **vergisst** dauernd etwas, und ihm **kommen** immer wieder Sachen **weg.** Aber diesmal ist es besonders schlimm: Die CD **hat** er sich zwei Tage vorher von einem Klassenkameraden **geliehen.** Nach langem Hin und Her ist für Dennis klar, wie er den Schaden wieder gutmachen kann: Er **verzichtet** einen Monat lang auf das Taschengeld. Nachdem er dies seinem Schulfreund **mitgeteilt hat,** überlegen sie gemeinsam, wie man an Geld kommen kann. Daraus **entwickeln** sich Situationen, die den beiden Jungen eine Menge Ärger **einbringen.**

Radiere falsche Lösungen aus oder streiche sie durch. Bearbeite diese Aufgaben noch einmal.

Seite 36 **Lösungen zu Übung 20**

Ein Frisör bietet ihm eine Arbeitsstelle an:
„und wenn du womöglich eine Arbeit suchst, dann kämst du mir wie gerufen." (Zeile 14–15)
Eulenspiegel willigt ein:
„Ich suche sie nicht gerade", antwortete Eulenspiegel, „aber ich nehme sie an, denn Hamburg gefällt mir." (Zeile 16–17)

Seite 37 **Lösungen zu Übung 21**

1. Der Meister beschimpft Eulenspiegel lauthals.
2. Die Frau des Meisters beschuldigt ihn, ein Teufel zu sein.
3. Nach Eulenspiegels Meinung hat er nur die Anweisung des Meisters ausgeführt.

Hier gibt es natürlich mehrere Formulierungsmöglichkeiten.
Sollten deine Sätze sehr stark von meinen abweichen, lies sie dir morgen noch einmal durch.
Entscheide dann, ob sie denselben Inhalt haben.
Oder bitte deine Eltern um Hilfe.

Seite 39 **Lösungen zu Übung 22**

Alexander leiht Dennis seine Lieblings-CD. Dieser verliert sie dummerweise. Dennis ersetzt Alexander den Schaden. **Er** muss deshalb einen Monat lang auf Taschengeld verzichten.
Johanna sammelt Poster von den Beatles und bekommt zum Geburtstag eines von Sina geschenkt. **Sie** freut sich darüber. Aber Sina ist es leicht gefallen, dieses Geschenk für Johanna zu finden, weil **diese** ihr schon seit zwei Wochen alles über Beatles-Poster erzählt hat.

Seite 41 **Lösungen zu Übung 23**

Anne tobt wieder einmal durch die Klasse. Charlotte will **ihr** ausweichen und stößt ihre eigene und Tinas Schultasche aus Versehen vom Tisch. Seufzend bückt sich Charlotte und beginnt, **ihre** Bücher und Hefte einzusammeln. Da kommt **Tina** und meint, **Charlotte** hätte doch auch **ihre** Sachen mit aufheben können. Aber **Charlotte** erwidert gereizt, dass **Tina** sich ja wohl zuerst an **Anne** wenden sollte, weil **diese** schließlich verantwortlich dafür sei, dass **Tinas** Schultasche heruntergefallen sei.

Lösung zu Übung 24

Seite 42

Der folgende Text ist mein Lösungsvorschlag.
Obwohl Till Eulenspiegel durch eine Fensterscheibe springt und die Frau des Bartscherers erschreckt, wird er vom Meister eingestellt.
Till Eulenspiegel steht in Hamburg auf dem Gänsemarkt, als ihn ein Frisör anspricht und ihm eine Arbeitsstelle bei sich anbietet. Eulenspiegel willigt ein, und der Frisör zeigt ihm, dass Eulenspiegel das Frisörgeschäft an den großen Fenstern erkennen kann. Er schickt Eulenspiegel dort hinein. Eulenspiegel springt durch die Fensterscheibe, die zersplittert.
Der Meister beschimpft Eulenspiegel wütend, und die Frau des Meisters, die hinter dem Fenster gesessen hat, ist außer sich vor Schreck. Aber Eulenspiegel rechtfertigt sich damit, dass er die Anweisung des Meisters ausgeführt hat.
Der Meister stellt Eulenspiegel gegen den Rat seiner Frau ein, weil er faul ist und weil er erwartet, dass Tills Späße viele Kunden anlocken werden. Diese Erwartung des Meisters erfüllt sich.

Lösungen zu Übung 25

Was sonst noch wichtig ist

Seite 43

Die Aussage „Eulenspiegel springt direkt durch die Fensterscheibe in den Laden des Meisters“ gehört in die Inhaltsangabe.
Die Formulierung „weil er dessen Anweisung absichtlich falsch verstanden hat“ gehört nicht in die Inhaltsangabe, weil hier eine Interpretation enthalten ist.
Nirgends in der Geschichte wird direkt gesagt, dass Eulenspiegel den Meister absichtlich falsch versteht.

Lösung zu Übung 26

Seite 43

Der Satz ist keine Interpretation, sondern eine verkürzte Wiedergabe eines Satzes aus der Geschichte:
„Aber der Bartscherer brauchte einen Gesellen, denn er war selber nicht der Allerfleißigste“ (Z. 54–55).

Radiere falsche Lösungen aus oder streiche sie durch. Bearbeite diese Aufgaben noch einmal.

Seite 44 **Lösungen zu Übung 27**

Der Text muss jetzt folgendermaßen unterstrichen sein:
Till Eulenspiegel ist wieder einmal in Hamburg und dort wie immer auf dem Markt, auf dem Gänsemarkt. Ein Bartscherer spricht ihn an, und Eulenspiegel gibt sich ihm gegenüber als Bartscherer aus. Der Bartscherer stellt Eulenspiegel als Gesellen ein, weil dieser ihm gefällt. Eulenspiegel willigt ein. Der Bartscherer erklärt ihm, wo sein Geschäft ist, und zeigt ihm, dass man es an den großen Fenstern erkennen kann. Er schickt Eulenspiegel dort hinein, ohne sich bei diesen Worten etwas zu denken. Eulenspiegel springt direkt durch die Fensterscheibe, die in viele Stücke zerbricht. Die Frau des Meisters, der die Scherben vor die Füße fallen, ist völlig verstört und wütend auf ihren Mann. Der Meister beschimpft Eulenspiegel wegen des Schadens, den dieser verursacht hat. Aber Eulenspiegel erinnert den Meister an die Worte, mit denen dieser ihn in die Werkstatt gewiesen hat. Nach dieser Ausrede beschließt der Frisör, Eulenspiegel zu behalten, weil er dumm ist und sich leicht übers Ohr hauen lässt und weil er außerdem viele Kunden durch Eulenspiegels Späße erwartet. Diese Erwartung erfüllt sich dann auch.
Und Eulenspiegel ist wieder mal ein schöner Streich gelungen!
Die unterstrichenen Textstellen dürfen nicht in einer Inhaltsangabe dieses Textes stehen, denn es sind Kommentare oder Interpretationen.

Seite 45 **Lösungen zu Übung 28**

Der Text müsste folgendermaßen unterstrichen sein:
ab Zeile 8 ... und die Messer überprüft, sah er zu seinem Entsetzen, dass Eulenspiegel Rücken und Schneide gleichermaßen geschliffen und somit unbrauchbar gemacht hatte. Eulenspiegel rechtfertigt sich zwar damit, dass er nur die Anweisung des Meisters ausgeführt habe. Aber da wird dieser erst richtig wütend, brüllt Eulenspiegel an und entlässt ihn auf der Stelle. Eulenspiegel soll gehen, woher er gekommen ist. Eulenspiegel wunderte sich zwar, nahm aber einen Anlauf in der Stube und sprang plötzlich noch einmal durch das mittlere Fenster des Hauses. Vor lauter Schrecken und Wut fiel den Arbeitgebern Eulenspiegels nichts anderes ein, als hinter ihm herzurennen. Das sah knapp aus für Till! Aber während der Meister einen Schutzmann holen ging, gelang es Eulenspiegel, der Meisterin zu entkommen und sich auf ein eben abfahrendes Schiff zu retten.

Radiere falsche Lösungen aus oder streiche sie durch. Bearbeite diese Aufgaben noch einmal.

Lösungen zu Übung 29

Seite 47

Die folgenden Sätze sind meine Lösungsvorschläge.

1. **Während** wir hinter Neuburg auf einer kleinen Straße durch einen lichten Laubwald fahren, finden alle die Fahrt noch sehr bequem.
2. **Als** wir nach drei Kilometern die schöne Teerstraße verlassen, wird die Strecke schon schwieriger.
3. **Bevor** es auf einem Sandweg am See entlanggeht, müssen wir auf einem Feldweg den Schlaglöchern ausweichen.
4. **Nachdem** bei jeder Abzweigung wilde Diskussionen über den weiteren Weg geführt worden sind, erreichen wir schließlich trotzdem Altensee.
5. **Als** wir bei einer Bank direkt am See erst mal eine Rast einlegen, müssen sich die meisten von ihrem harten Sattel und den Schlaglöchern des Weges erholen.

Lösungen zu Übung 30

Seite 49

Die folgenden Sätze sind meine Lösungsvorschläge.

1. **Weil** viele Spaziergänger, vor allem Familien mit Kinderwagen, unterwegs sind, gestaltet sich die Fortsetzung der Fahrradtour an der Uferpromenade wie ein wahres Hindernisfahren.
   Oder: Bei dem strahlenden Sonnenschein sind viele Spaziergänger … unterwegs, **sodass** sich die Fortsetzung der Fahrradtour an der Uferpromenade wie ein wahres Hindernisfahren gestaltet.
2. Wir kommen viel später als geplant an unser Ziel, **sodass** leider recht wenig Zeit für die Besichtigung des Wasserschlosses von Altensee bleibt.
   Oder: **Weil** wir viel später als geplant unser Ziel erreichen, bleibt uns leider recht wenig Zeit für die Besichtigung des Wasserschlosses von Altensee.
3. **Obwohl** die meisten bei der Ankunft im Zentrum von Altensee müde und kaputt sind, entsteht eine gute Stimmung beim Anblick der vielen Eisdielen und Straßencafés.
4. Für den Treffpunkt zur Rückfahrt wird ein genauer Termin abgesprochen, **damit** jeder seine Freizeit in Ruhe genießen kann.
5. **Weil** wir uns mit Erdbeereis und Cola gestärkt haben und außerdem ausgeruht sind, bilden die Schlaglöcher auf dem Rückweg kein Problem mehr.
6. **Wenn** die Klasse die nächste längere Radtour macht, brauchen wir eine genaue Wegbeschreibung und müssen mehr Zeit einplanen.

Lösungen zu Übung 31

Seite 51

Im Zeitungsartikel sind jetzt die folgenden Sätze und Satzteile unterstrichen, die indirekte Rede enthalten:

Bei der 13. Etappe der 85. Tour de France verlor der Vorjahressieger Uli Hurtig das gelbe Trikot des Spitzenreiters an seinen großen Konkurrenten Marc Nervani. Nervani führt damit im Gesamtklassement mit über sechs Minuten vor Hurtig, der auf den vierten Platz zurückgefallen ist. <u>Alles sei gegen ihn gelaufen, der Regen habe ihn fertig gemacht</u>, so erklärte Hurtig seine Niederlage. <u>Dazu sei er im Finale völlig isoliert gewesen.</u> Aber sein Teamchef gab Hurtigs Chancen

auf einen Sieg noch nicht verloren, falls dieser den Abstand zu Nervani bei den nächsten Etappen verkürzen könne. Er sehe große Chancen für Hurtig beim Zeitfahren, sie alle schätzten seine Spurtstärke hoch ein. Der Überraschungssieger Nervani, der zum ersten Mal überhaupt das gelbe Trikot trägt, zeigte sich zuversichtlich. Er habe sich stark genug zum Angriff auf Hurtigs Spitzenposition gefühlt und sei durch den Sieg bestätigt worden, und nun rechne er damit, diesen Vorsprung noch ausbauen zu können.

Die Tabelle sieht mit den Ergänzungen folgendermaßen aus:

Direkte Rede	**Indirekte Rede**
„... heute lief alles gegen mich.“	Alles sei gegen ihn gelaufen. (gelaufen sein)
„Der Regen hat mich fertig gemacht.“	Der Regen habe ihn fertig gemacht. (gemacht haben)
„... dass ich im Finale völlig isoliert war.“	Dazu sei er im Finale völlig isoliert gewesen. (gewesen sein)
„Wenn du den Abstand verkürzen kannst ...“	... falls dieser den Abstand verkürzen könne. (können)
„Ich sehe große Chancen.“	Er sehe große Chancen. (sehen)
„Wir schätzen deine Spurtstärke.“	Sie schätzten seine Spurtstärke hoch ein. (schätzen)
„Ich fühle mich stark genug.“	Er habe sich stark genug gefühlt. (gefühlt haben)
„Ich bin durch den Sieg bestätigt worden.“	Er sei durch den Sieg bestätigt worden. (sein)
„Ich rechne damit, den Vorsprung noch ausbauen zu können.“	Nun rechne er damit, diesen Vorsprung ausbauen zu können. (rechnen)

Radiere falsche Lösungen aus oder streiche sie durch. Bearbeite diese Aufgaben noch einmal.

Seite 53

Lösung zu Übung 32

Aus der 1. und 2. Person wird die 3. Person, die 3. Person bleibt unverändert. Der Indikativ wird zum Konjunktiv: Die Einzahl des Konjunktivs wird von der Grundform abgeleitet (vergleiche: Er sehe – sehen), die Mehrzahl des Konjunktivs wird vom Präteritum abgeleitet und ist häufig mit dem Präteritum identisch (vergleiche: Sie schätzten – schätzten).

Seite 54

Lösung zu Übung 33

Die indirekte Rede ist im folgenden Lösungsvorschlag unterstrichen.
Als der Meister entdeckt, dass Eulenspiegel die Messer an der Schneide und am Rücken scharf geschliffen hat, fordert er wütend eine Erklärung dafür, dass Eulenspiegel die Messer verdorben hat. Eulenspiegel rechtfertigt sich damit, dass

er nur getan habe, was der Meister ihm aufgetragen habe, nämlich die Messer überall gleich scharf zu schleifen. Der Meister wirft Eulenspiegel hinaus. Er solle dahin gehen, wo er hergekommen sei. Darauf springt Eulenspiegel von der Stube durch die Fensterscheibe auf die Straße.

Eine Einleitung formulieren

Lösungen zu Übung 34

Seite 56

1. Diese Einleitung ist nicht falsch, aber ungenau: In fast jeder Eulenspiegel-Geschichte spielt Eulenspiegel einen Streich. Also wird das Thema dieser besonderen Eulenspiegel-Geschichte nicht genau genug angegeben. ☐
2. Diese Einleitung ist schon genauer, enthält aber keinen Hinweis auf das glückliche Ende der Geschichte und könnte daher Spannung erzeugen. Dies soll ja gerade in der Einleitung einer Inhaltsangabe vermieden werden. ☐
3. Diese Einleitung ist knapp und enthält trotzdem den Kern der Geschichte. Sie ist also gut geeignet zu einer ersten Orientierung über die Geschichte. ☒
4. Diese Einleitung enthält ebenso den Kern der Geschichte. Sie gibt aber so viele Einzelheiten wieder, dass sie zu unübersichtlich wird. ☐

Einleitung 3 ist also die beste: Sie enthält eine knappe und genaue Orientierung über den Inhalt der Geschichte.

Lösung zu Übung 35

Seite 57

Die folgende Einleitung ist mein Lösungsvorschlag.
Der Schwank „Till Eulenspiegel nimmt Dienst bei einem Bartscherer“, der von Barbara Bartos-Höppner nach alten Vorlagen 1997 neu gestaltet worden ist, erzählt, wie Eulenspiegel die Befehle eines Frisörmeisters dreimal wörtlich ausführt. Er zerbricht Fensterscheiben und ruiniert Rasiermesser, obwohl die Befehle jedes Mal anders gemeint waren.

Lösungen zu Übung 36

Seite 60

1. Möglichkeit: Ein Verbrechen birgt den Keim seiner Entdeckung in sich.
2. Möglichkeit: Verbrechen lohnen sich nicht.

Lösungen zu Übung 37

Seite 61

Stier: stark, eingebildet, herrisch, dumm
Mücke: klein, klug, selbstbewusst

Lösung zu Übung 38

Seite 63

Der Höhe- und Wendepunkt findet sich in der anmaßenden Gotteslästerung des Königs Belsazar: „Jehovah! dir künd ich auf ewig Hohn! / Ich bin der König von Babylon!“

Lösungen zu Übung 39

Seite 65

Der Leser fragt sich unwillkürlich, wie sich die Tochter wohl jetzt, in der 9. Klasse, verhält. Und weil der Vater im letzten Satz von hoffnungsvollen Tagen spricht, denkt man darüber nach, dass er das Verhalten seiner Tochter in der 8. Klasse doch gar nicht so sehr verurteilt. Und der Leser fragt sich, ob diese beiden Väter, vor allem Honza, ihre Töchter wohl lieben, ob sie gute Väter sind, wie gute Väter sein sollen ... und so weiter.

Wiederholung

Lösung zu Übung 40

Seite 67 Die Inhaltsangabe informiert verständlich, genau und knapp über den Inhalt eines Textes.

Seite 70 **Lösung zu Übung 41**

Dieses Stichwortbild ist mein Lösungsvorschlag.

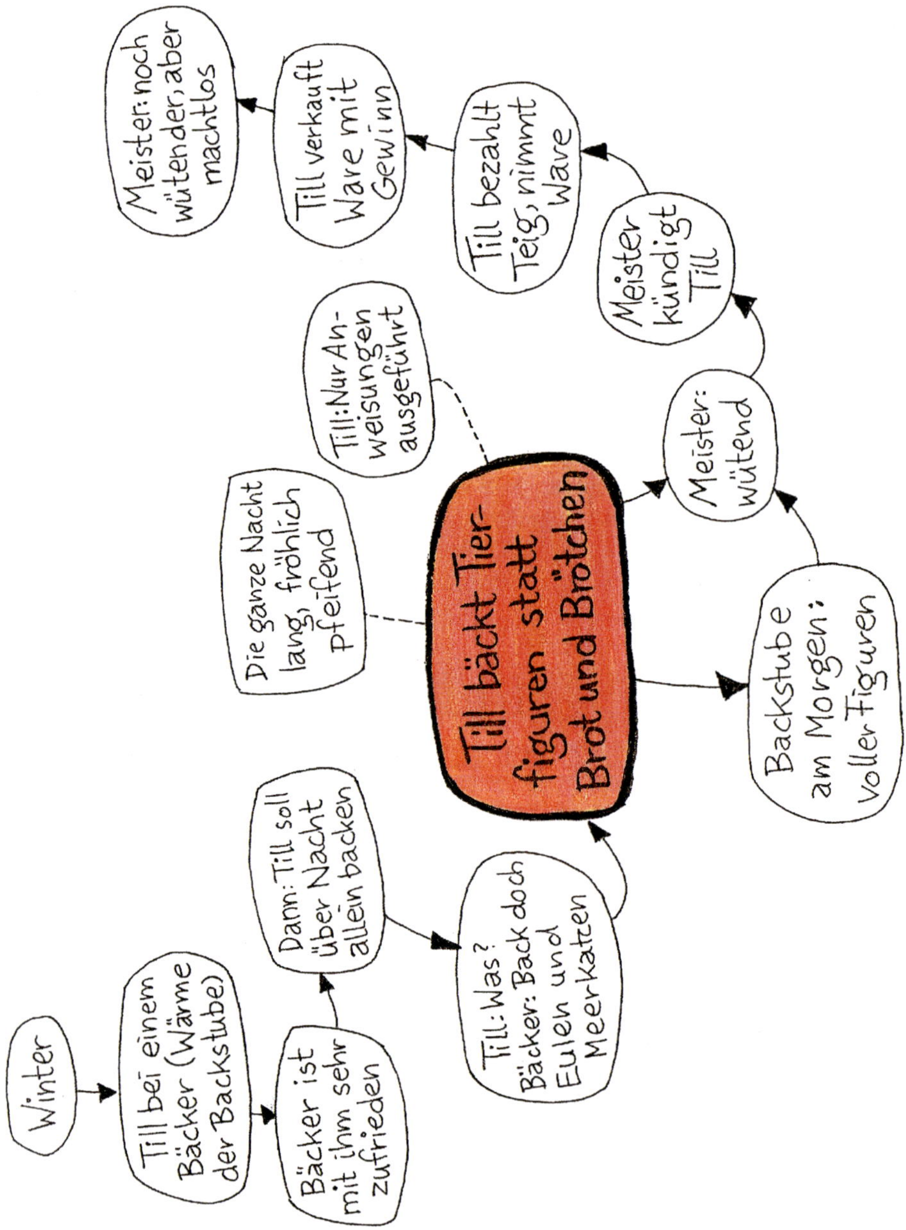

Lösungen zu Übung 42

Seite 70

Bei der Lösung dieser Übung hilft dir dein Stichwortbild: Wo findest du hier wörtliche (direkte) Rede aus der Geschichte in deinen Stichwörtern?
Im Folgenden liest du meinen Lösungsvorschlag.

a) Ersetzung der wörtlichen Rede durch andere Worte
Der Meister hat etwas zu erledigen. Deshalb muss Till in der folgenden Nacht allein arbeiten. Er ist einverstanden, möchte aber noch genauere Anweisungen haben. Dieser Wunsch verärgert den Meister. Er gibt Till den Auftrag, Eulen und Meerkatzen zu backen.
Weil sein Gehilfe den Befehl wörtlich genommen hat, flucht der Meister am nächsten Morgen, beschimpft Till und verlangt eine Erklärung.
Dieser erinnert den Bäcker an den Auftrag vom Abend vorher.
Weil der Meister fürchtet, auf den Eulen und Meerkatzen sitzen zu bleiben, verlangt er die Bezahlung des Teigs. Till Eulenspiegel stimmt zu, verlangt dafür aber auch die Ware.
Der Bäcker ist einverstanden.

b) Umwandlung der wörtlichen Rede in die indirekte Rede
Deshalb sagt er am dritten Abend, Till müsse in dieser Nacht allein arbeiten. Er selbst müsse fort und sei erst am Morgen wieder daheim.
Till Eulenspiegel nickt und meint, der Meister brauche ihm nur zu sagen, was er backen solle.
Was Till backen solle?, fragt der Meister verärgert zurück. Sei Till nun ein Bäcker oder sei er kein Bäcker? Backen solle er, Eulen und Meerkatzen solle er backen.
Da solle doch das heilige Donnerwetter gleich dreimal dreinschlagen, schreit der Meister, was habe der verdammte Lümmel denn da gebacken?
Eulen und Meerkatzen habe er gebacken, antwortet Till Eulenspiegel seelenruhig, wie er es ihm geheißen habe, und da seien sie nun.
Was er mit diesem Narrenkram solle, schreit der Bäcker, das kaufe ihm im Laden kein Mensch ab. Er schüttelt Eulenspiegel an den Schultern und verlangt von ihm, dass er den Teig bezahle.
Eulenspiegel sagt, er wolle ihm den Teig bezahlen, aber dann müsse ihm auch die Ware gehören. Die Ware könne er seinetwegen nehmen und sie sich um den Hals hängen, erwidert der Bäcker. So etwas habe er sein Lebtag noch nicht gesehen.

Radiere falsche Lösungen aus oder streiche sie durch. Bearbeite diese Aufgaben noch einmal.

Lösungen zu Übung 43

Seite 70

Bei Verben in der Einzahl hilft die Verbform der Grundform.
Bei Verben in der Mehrzahl hilft die Verbform des Präteritums.

Lösung zu Übung 44

Seite 70

Der folgende Text ist mein Lösungsvorschlag.
Im vorliegenden Schwank „Till Eulenspiegel bäckt Eulen und Meerkatzen“, der von Barbara Bartos-Höppner nach alten Vorlagen 1997 neu erzählt worden ist, führt Eulenspiegel den ganz anders gemeinten Befehl seines Meisters, Eulen- und Affenfiguren zu backen, wörtlich aus und wird dann vom Meister sofort

entlassen. Eulenspiegel arbeitet im Winter wegen der Wärme der Backstube als Gehilfe eines Bäckers. Eulenspiegel und sein Meister backen über Nacht Brot und Brötchen. Nach wenigen Nächten befiehlt ihm der Meister, diese Nacht allein zu backen. Ärgerlich über die umständlichen Nachfragen Eulenspiegels ruft der Meister im Gehen, Eulenspiegel solle Eulen und Meerkatzen backen. Fröhlich pfeifend backt Eulenspiegel die ganze Nacht Eulen- und Affenfiguren, sodass den Meister am nächsten Morgen eine Backstube voll dieser Figuren empfängt. Weil er denkt, er könne diese Ware nicht loswerden, entlässt der wütende Meister daraufhin Eulenspiegel, obwohl dieser sich damit rechtfertigt, dass er nur getan habe, was der Meister befohlen habe. Eulenspiegel kauft dem Meister für den Preis des Teiges alle Eulen- und Affenfiguren ab und verkauft sie mit großem Gewinn vor der Kirche, weil an diesem Tag Nikolaustag ist. Als der Meister dies erfährt, will er noch mehr Geld von Eulenspiegel haben, aber er erwischt ihn nicht mehr.

So gut warst du: Die Lösung der Klassenarbeit
Seite 71

Eine Klassenarbeit zum Üben

Eine Beispiellösung könnte so lauten:
Die vorliegende Sage aus dem Fränkischen, „Der Wasserneck", erzählt, wie ein übermütiger junger Besenbinder anscheinend von einem Wassergeist unter das Eis eines Flüsschens gezogen wird.
Drei Besenbinder aus Königshofen sind im Winter durch den Schnee zu Fuß unterwegs nach Aschaffenburg, um dort auf dem Markt ihre Besen zu verkaufen. Sie sind mitten in der Nacht aufgebrochen, um rechtzeitig bei Marktbeginn anzukommen. Ihr Weg kreuzt bei Schimborn das Flüsschen Kahl. Weil sie müde sind, setzen sie sich am Bachufer auf ihre Reisigbündel. Laute Geräusche aus dem gefrorenen Bachlauf erinnern sie an Erzählungen über den Wasserneck, einen Wassergeist, dessen Ruf schon etliche Leute gehört haben und der als bösartig gilt. Obwohl sie sonst nicht furchtsam sind, zögern sie nun, ihren Weg über den Bachsteg fortzusetzen. Nachdem der Jüngste schließlich einen Gefährten aufgefordert hat, vorauszugehen, weil dieser ein frommer Mann sei, und sich bereit erklärt hat, den Schluss zu bilden, mit dem Scherz, er sei mit dem Wassermann befreundet, setzen sie ihren Weg fort.
Als sie fast das Ende der Brücke erreicht haben, fordert der jüngste Königshofer den Wasserneck mutwillig und spottlustig heraus und ruft ihn an, worauf er von einer nicht sichtbaren Hand durch das Eis hindurch in das Wasser gezogen wird. Seine beiden Gefährten fliehen stumm vor Angst, und auf dem Heimweg nach dem Markt meiden sie die Brücke bei Schimborn und machen einen Umweg.

Hinweise zur Selbsteinschätzung deiner Lösung:
Überprüfe deine Lösung zunächst einmal – wenn du es nicht schon getan hast – mit Hilfe des Korrekturkompasses auf Seite 92.
Zur inhaltlichen Gestaltung deiner Inhaltsangabe:

1. Deine Einleitung muss einen Hinweis auf den Ausgang der Geschichte enthalten und außerdem den Titel und die Angabe der Textart.
   Möglich wäre auch die Formulierung, dass der Besenbinder von dem Geist

bestraft wird. In der Einleitung sind solche interpretierenden Formulierungen nach meiner Ansicht möglich. Frage hier deinen Lehrer, ob er dies auch so sieht.

2. Im Hauptteil müssen folgende Angaben enthalten sein:
   Ortsangaben (weil sie die Glaubwürdigkeit der Sage unterstreichen), Jahres- und Tageszeit, Personen mit Beruf, Anliegen der Personen.
   Die Rast muss erwähnt werden, die lauten Geräusche, dass ihnen jetzt erst die Sage vom bösartigen Wassergeist einfällt.
   An der Äußerung des Jüngsten ist der Scherz über seine Freundschaft mit dem Wassermann wichtig. Weiter ist wichtig, dass er spottet, als sie das Ufer schon fast erreicht haben.

Unbedingt in der Inhaltsangabe enthalten sein muss der Kern der Erzählung: dass der junge Besenbinder unter das Eis gezogen wird und man nicht sieht, von wem. Die Angst der Gefährten ist auch wichtig, weil sie die Glaubwürdigkeit der Sage unterstreicht.

Bewertung:
Eine ausreichende Leistung hast du erreicht, wenn deine Einleitung das Thema der Geschichte ungefähr nennt, den Titel und die Herkunft der Sage erwähnt, wenn deine Inhaltsangabe verständlich formuliert ist und den Kern der Erzählung enthält und wenn in deinem Hauptteil kein Fehler der Zeitform, keine wörtliche Rede und keine spannende Formulierung enthalten ist.
Eine befriedigende Leistung hast du erreicht, wenn zusätzlich in der Einleitung das Ende der Geschichte und die Textart erwähnt sind, wenn in deinem Hauptteil keine Interpretation enthalten ist und wenn du die meisten inhaltlich notwendigen Punkte aufgeführt hast – und nicht zu viele unwichtige.
Eine gute Leistung hast du erreicht, wenn alle genannten Punkte enthalten sind, keine zusätzlichen Einzelheiten aufgeführt sind und deine Sprache abwechslungsreich ist.
Eine sehr gute Leistung hast du erreicht, wenn alle genannten Punkte enthalten sind und du dich eigenständig, abwechslungsreich, genau und knapp ausgedrückt hast.

Hinweis

Bitte deine Lehrerin oder deinen Lehrer, dir bei der Bewertung zu helfen.

Quellennachweis:

S. 59: Durch Sonnenstrahlen wird ein Mord entdeckt. In: Museum des Wundervollen oder Magazin des Außerordentlichen, wiederentdeckt und hg. von K. Riha. Eugen Diederichs, Köln 1984
S. 60: Wolfdietrich Schnurre: Die Macht der Winzigkeit. In: ders., Protest im Parterre, Verlag Langen-Müller, München 1957
S. 61–62: Heinrich Heine: Belsazar. In: Heines Werke in 10 Bänden, hg. von O. Walzel, 1. Band. Insel Verlag, Leipzig 1911
S. 63–65: Reiner Kunze: Die Flaumfeder. In: ders., Die wunderbaren Jahre, Fischer Verlag, Frankfurt/Main 1976
S. 71–72: Der Wasserneck (Fränkische Sage). In: Valentin Pfeiffer, Spessart-Sagen, Pattloch, Aschaffenburg 1982

Die Ausschnitte aus den Till-Eulenspiegel-Geschichten (Seite 19–21, 54, 68–69) stammen aus: Till Eulenspiegel, neu erzählt von Barbara Bartos-Höppner. Mit Bildern von Hans G. Schellenberger. Arena, Würzburg 1997

Anleitung zur Selbstkontrolle – der Korrekturkompass

Im letzten Arbeitsschritt überarbeitest du noch einmal deine Inhaltsangabe, um Fehler zu verbessern. Die Fragen, mit deren Hilfe du auf die Fehlersuche gehst, ergeben sich aus den Anforderungen an die Inhaltsangabe.

Überprüfe Schritt um Schritt deine eigene Inhaltsangabe. Der folgende „Korrekturkompass" hilft dir, Fehler aufzuspüren und den Text zu verbessern. Kreuze das Zutreffende an und überarbeite alle Stellen, die noch nicht gelungen sind.

Tipp Kopiere dir die Liste vorher mehrmals.

Korrekturkompass	gelungen	überarbeiten
1. Meine Inhaltsangabe ist durchgehend sachlich.	☐	☐
2. Meine Inhaltsangabe steht im Präsens.	☐	☐
3. Bei Vorzeitigkeit habe ich das Perfekt verwendet.	☐	☐
4. In meiner Inhaltsangabe habe ich die wörtliche Rede der Geschichte durch andere Worte oder durch die indirekte Rede ersetzt.	☐	☐
5. Ich habe eindeutige Pronomen benutzt, um nicht dasselbe Nomen mehrfach schreiben zu müssen.	☐	☐
6. In meiner Inhaltsangabe stehen keine eigenen Kommentare (Vermutungen, Interpretationen oder Urteile).	☐	☐
7. Ich habe Gefühle, die eine Person zeigt, nur knapp genannt.	☐	☐
8. Ich habe Wendungen wie „da plötzlich" oder „zwar – aber" vermieden, um keine Spannung aufzubauen.	☐	☐
9. Ich habe zeitliche oder logische Konjunktionen verwendet, um zeitliche oder logische Zusammenhänge deutlich zu machen.	☐	☐
10. Ungebräuchliche Wörter habe ich erklärt oder durch gebräuchliche ersetzt.	☐	☐
11. Meine Einleitung enthält		
den Titel	☐	☐
den Namen des Autors	☐	☐
die Textart	☐	☐
das Erscheinungsjahr	☐	☐
den Erzählkern	☐	☐

Immer dabei: Das Lesezeichen

Schneide dieses Blatt aus, falte es entlang der schwarzen Linie und klebe es an der Innenseite zusammen. (Schlau ist es, wenn du dir die Seite 94 vorher kopierst – falls du das Lesezeichen einmal verlegen solltest.) Jetzt hast du ein tolles Lesezeichen, auf dem du immer schnell nachschauen kannst, wenn du eine Inhaltsangabe schreibst. (Wenn du Lust hast, kannst du das Lesezeichen unten lochen und dort einen dicken Wollfaden oder Ähnliches durchziehen. Dann ist es noch auffälliger. Du kannst es auch zusätzlich mit einer selbst-klebenden Folie beziehen.)

Was ist eine Inhaltsangabe?

Eine Inhaltsangabe **informiert verständlich, knapp und genau** über den Inhalt eines Textes.
Die Inhaltsangabe besteht aus zwei Teilen, der Einleitung und dem Hauptteil. Der Stil der Inhaltsangabe ist sachlich informierend. Wörtliche Rede kommt in der Inhaltsangabe nicht vor. Die Formulierungen müssen eindeutig und für den Leser ohne weitere Erläuterungen verständlich sein; das gilt auch für die verwendeten Pronomen. Zeitliche und logische Zusammenhänge müssen leicht erkennbar sein.
Die Zeitform der Inhaltsangabe ist das Präsens. Bei Vorzeitigkeit verwendet man das Perfekt.

Die vier Schritte zur Vorbereitung einer Inhaltsangabe:

1. Du liest die Geschichte sorgfältig durch.
2. Du arbeitest heraus, worin der **Erzählkern** (der „Clou“) der Geschichte besteht.
   Unterstreiche zunächst alle Stellen, an denen du stutzt und dich wunderst, weil dort etwas Auffälliges, etwas Besonderes passiert.
   Vergleiche dann die Stellen miteinander und suche die allerwichtigste heraus. Notiere sie in einem Satz.
3. Von den Sätzen des Erzählkerns aus stellst du jetzt die **W-Fragen**.
4. Die Antworten ordnest du stichwortartig in einer **Mindmap** an.

Korrekturkompass

Die folgenden Punkte sollte deine Inhaltsangabe erfüllen:

1. Meine Inhaltsangabe ist durchgehend sachlich informierend.
2. Meine Inhaltsangabe steht im Präsens.
3. Bei Vorzeitigkeit habe ich das Perfekt verwendet.
4. In meiner Inhaltsangabe habe ich die wörtliche Rede der Geschichte durch andere Worte oder durch die indirekte Rede ersetzt.
5. Ich habe eindeutige Pronomen benutzt, um nicht immer wieder dasselbe Nomen wiederholen zu müssen.
6. In meiner Inhaltsangabe stehen keine eigenen Kommentare (Vermutungen, Interpretationen oder Urteile).
7. Ich habe Gefühle, die eine Person zeigt, nur knapp genannt.
8. Ich habe Wendungen wie „da plötzlich“ oder „zwar – aber“ vermieden, um keine Spannung aufzubauen.
9. Ich habe zeitliche oder logische Konjunktionen verwendet, um zeitliche oder logische Zusammenhänge deutlich zu machen.
10. Ungebräuchliche Wörter habe ich erklärt oder durch gebräuchliche ersetzt.
11. Meine Einleitung enthält:
    - den „Clou“ (den Erzählkern)
    - den Namen des Autors
    - den Titel
    - das Erscheinungsjahr
    - die Textart

Ein starkes Konzept – die Lerntrainer, mit denen jede Schülerin und jeder Schüler selbständig arbeiten kann

Die Angst vor schulischem Misserfolg belastet zahllose Familien. Die klipp & klar Lerntrainer helfen, akute Lernschwierigkeiten zu beheben. Sie bieten aber auch längerfristig Unterstützung in vielen Fächern.

Die klipp & klar Lerntrainer zeichnen sich durch die folgenden Punkte aus:

- Sie basieren auf modernsten Erkenntnissen der Lern- und Gedächtnisforschung.
- Alle Themen werden ausführlich mit Schülerinnen und Schülern getestet.
- Lerntipps und Merksätze sichern das Verstehen und das Behalten.
- Das Üben in sinnvollen Lernetappen fördert die Motivation und erleichtert das Lernen.
- Wiederholungsübungen ermöglichen, das Gelernte mehrfach anzuwenden.
- Probeklassenarbeiten verdeutlichen die Lernerfolge.
- Der ausführliche Lösungsteil hilft, Fehler sofort zu erkennen.

... und das alles in neuer Rechtschreibung

Erfolgreich in der Schule
Eltern helfen ihren Kindern,
Lehrer fördern ihre Schüler
(60189)

Hausaufgaben – so klappt's besser
Hilfen und Anregungen für Schüler,
Eltern und Lehrer
(60491)

Deutsch

Deutsch, 3. Klasse
Grammatik: Wortarten (60292)

Deutsch, 3. Klasse
Rechtschreibung
Mit Grundwortschatz-Trainer (60297)

Deutsch, 3. und 4. Klasse
Aufsatz: Erzählen (60528)

Deutsch, 4. Klasse
Grammatik: Satzarten, Satzglieder (60298)

Deutsch, 4. Klasse
Rechtschreibung: Die wichtigsten Regeln
Mit Grundwortschatz-Trainer
(60490)

Deutsch, 5. und 6. Klasse
Grammatik: Satzglieder (60181)

Deutsch, 5. und 6. Klasse
Grammatik: Wortarten
(60186)

Deutsch, 5. und 6. Klasse
Rechtschreibung: Die wichtigsten Regeln
Mit Grundwortschatz-Trainer
(60293)

Deutsch, 5. und 6. Klasse
Aufsatz: Erzählen (60390)

Deutsch, 5. und 6. Klasse
Aufsatz: Sachtexte (60392)

Deutsch, 5. und 6. Klasse
Grammatik: Satzarten, Zeichensetzung (60489)

Deutsch, 7. bis 10. Klasse
Die neue Rechtschreibung – so klappt's sicher
Leicht verstehen, schnell umlernen (60626)

Mathematik

Mathematik, 3. Klasse
Kleines Einmaleins bis 100 (60184)

Mathematik, 3. Klasse
Großes Einmaleins bis 1000 (60187)

Mathematik, 3. und 4. Klasse
Grundrechenarten (60294)

Mathematik, 4. Klasse
Sachaufgaben (60488)

Mathematik, 5. und 6. Klasse
Geometrie: Symmetrie, Kreis, Winkel (60295)

Mathematik, 5. und 6. Klasse
Geometrie: Rechteck, Quadrat, Würfel (60296)

Mathematik, 5. und 6. Klasse
Bruchrechnung (60299)

Mathematik, 5. und 6. Klasse
Dezimalbruchrechnung (60394)

Mathematik, 5. und 6. Klasse
Sachrechnen: Längen, Gewichte (60393)

Mathematik, 7. Klasse
Bruchrechnung, Proportionen, Dreisatz (60182)

Mathematik, 7. Klasse
Prozentrechnung (60188)

Mathematik, 7. Klasse
Dezimalzahlen, negative Zahlen, rationale Zahlen (60492)

Mathematik, 8. Klasse
Gleichungen und Ungleichungen, Geradenfunktionen (60391)

Mathematik, 9. Klasse
Quadratische Funktionen, reelle Zahlen (60623)

Englisch

Englisch, 5. und 6. Klasse
Grammatik: Zeiten
Mit Vokabeltrainer (60290)

Englisch, 7. und 8. Klasse
Grammatik: Zeiten, if-Sätze
Mit Vokabeltrainer (60291)

Englisch, 7. und 8. Klasse
Grammatik: Zeiten, indirekte Rede, if-Sätze Typ III, Adjektiv, Adverb
Mit Vokabeltrainer (60389)

Englisch, 8. und 9. Klasse
Grammatik: Artikel, 'progressive form', Relativsatz, Passiv
Mit Vokabeltrainer (60395)

Englisch, 9. und 10. Klasse
Grammatik: Gerundium, Partizip, Betonungsform (60527)

Latein

Latein, 1. Lernjahr
Grammatik: Satzglieder, Deklination, Konjugation
Mit Vokabeltrainer (60183)

Latein, 1. Lernjahr
Grammatik: Kasuslehre, Modi, Infinitiv (60499)

Französisch

Französisch, 1. und 2. Lernjahr
Verben im Präsens, Fragen mit «Est-ce que …?», Objektpronomen
Mit Vokabeltrainer (60526)

Französisch, 2. Lernjahr
Grammatik: Zeiten der Vergangenheit
Mit Vokabeltrainer (60180)

Chemie

Chemie, 7. bis 10. Klasse
Reinstoffe, Gemenge, Aufbau der Stoffe (60185)